■ 건강한 재료로 만든 맛있는 식탁 이야기

MJ의 슈퍼푸드 레시피 120

글 김미진 사진 박형권 감수 홍은미

MJ의 슈퍼푸드 레시피 120

발 행 일　2018년 01월 05일
초판인쇄일　2017년 12월 29일

지 은 이　김미진
사　　　진　박형권
감　　　수　홍은미
발 행 인　박영일
책 임 편 집　이해욱

편 집 진 행　박재인, 강현아
표지디자인　김소은
본문디자인　김현진

발 행 처　시대인
공 급 처　(주)시대고시기획
출 판 등 록　제 10-1521호
주　　　소　서울시 마포구 큰우물로 75(도화동 538) 성지 B/D 6F, 9F
전　　　화　1600-3600
팩　　　스　02-701-8823
홈 페 이 지　www.sidaegosi.com

I S B N　979-11-254-4145-8(13590)

정　　　가　17,000원

※ 이 책은 저작권법에 의해 보호를 받는 저작물이므로, 동영상 제작 및 무단전재와 복제를 금합니다.
※ 잘못된 책은 구입하신 서점에서 바꾸어 드립니다.

PROLOGUE

그 자체만으로도 힘이 되는 '집밥'에 '슈퍼푸드'를 더해
건강한 식탁을 만드세요.

결혼 전에는 그저 엄마가 해주는 밥만 먹을 줄 알았던 제가 막상 결혼을 하고 나니 직접 밥상을 차리는 일이 많아지더라고요. 처음 해보는 일이라 실수도 잦고 하루에 세 번씩 밥상을 차리다 보면 귀찮고 지칠 만도 한데, 저는 오히려 요리하는 것이 정말 즐거웠어요. 새로운 레시피를 만들고, 남편에게 맛을 보여주고, 그 요리를 이웃에게 나눠주는 일이 어찌나 행복하던지요. 또 아이를 낳은 뒤엔 아이에게 줄 간식을 제 손으로 만들고 싶어 아이가 잠든 밤에 독학으로 베이킹을 공부하기도 했어요. 모두가 잠든 시간에도 집안에는 맛있는 음식 냄새와 고소한 베이킹 냄새가 가득했답니다.

그런 제가 남다르다고 느낀 남편이 '직접 만든 레시피를 기록할 겸 블로그를 해보는 것'이 어떻겠냐고 하더라고요. 처음에는 레시피 기록을 목적으로 시작한 블로그였지만 점점 구독하는 분들이 생기고, 제 요리를 반겨주시니 또 힘이 불끈 나고…. 그렇게 전 요리를 더 사랑하게 되었고 지금은 많은 분에게 요리를 가르치는 사람이 되었어요.

요리하는 직업을 갖게 되면서 언젠가부터 꿈이 하나 생겼는데요. 바로 '제 이름이 적힌 책 한 권을 내고 싶다'는 것이었어요. 막연히 꿈으로만 생각하고 있었는데 시대인 출판사를 만나 그 꿈을 현실로 이룬 행복한 사람이 되었네요. 이 책을 만드는 9개월이라는 시간 동안, 딸과 남편은 밤마다 저를 도와주었어요. 제가 아니어도 올 한 해 정말 많이 바쁜 남편이었는데 퇴근하고 들어오면 매일같이 저의 촬영을 도와줬고, 7살 딸내미는 촬영할 때마다 반사판을 들어주며 고사리 같은 손을 더해주었어요. 이 자리를 빌려 그동안 고생해준 남편과 딸 설현이에게 정말 고맙다고, 덕분에 꿈을 이루게 되었다고, 사랑한다고 꼭 전하고 싶어요.

이 책은 슈퍼푸드를 활용한 건강한 밥상을 담은 책이에요.
슈퍼푸드가 건강한 재료임은 분명하지만, 우리나라에서 구하기 쉽지 않고, 비싸고, 맛이 없다고 생각하시는 분들이 많으실 텐데요. 우리가 미처 알지 못했던 생활 속의 슈퍼푸드를 활용해 보다 쉬운 레시피로 맛있게 즐기실 수 있도록 정성을 가득 담아 만들어보았습니다. 책 속엔 저의 아이디어 레시피가 많이 담겨 있는데요. 대표적으로 비트 사과수프, 시금치 알리오올리오 볶음밥, 병아리콩 짜장면, 아스파라거스 키쉬, 딸기크림소스 닭가슴살 치즈롤, 파래 치즈 찹쌀구이, 병아리콩 찹쌀 비스코티 등이에요. 이 요리들이 '낯설다'라기보다는 '새롭다, 신선하다'라고 느끼셨으면 좋겠네요.

바쁘게 생활한 하루를 마치고 돌아온 집. 그곳에서 만난 집밥은 그 자체만으로도 힐링이 되는데요. 지친 몸과 마음을 다독여주는 집밥이 슈퍼푸드로 만든 120가지의 요리를 만나 더욱 건강한 보약이 되길 바라는 마음을 가득 담아 책으로 만들었습니다. 이 책을 통해, 예전엔 무심코 지나쳤던 슈퍼푸드와 밥상에서 좀 더 맛있게 가까워지시길 바랄게요.

MJ 후다닥 레시피_김미진

Contents

PROLOGUE

레시피 계량 기준 / 8
육수 만드는 법 / 10
고추기름 만드는 법(전자레인지) / 12
수란 만드는 법(전자레인지) / 13
춘장 볶는 법 / 14
귀리 볶는 법 / 15
병아리콩 삶는 법(소분하기) / 16
아스파라거스 손질법 / 17

아보카도 손질법 / 18
꼬막 손질법 / 19
꽃게 손질법 / 20
주꾸미 손질법 / 21
문어 손질법 / 22
닭고기 손질법 / 23

Part 1
건강한 애피타이저

무 크림수프 / 26
들깨 연근수프 / 28
병아리콩수프 / 30
흑임자죽 / 32
오버나이트 오트밀 & 귀리죽 / 34
두부 게살죽 / 36
마늘 인삼죽 / 38
시금치 바지락죽 / 40
비트 사과수프 / 42
새송이버섯샐러드 / 44
구운 빵 귀리샐러드 / 46
마늘 새우 매콤샐러드 / 48
크림치즈 견과볼 딸기샐러드 / 50
콥샐러드 / 52
두부 새우카나페 / 54
연어 카르파치오 / 56

Part 2
건강한 한 그릇 밥

톳조림밥 / 60
닭고기 우엉밥 / 62
두부 쌈장 소보로덮밥 / 64
김치 버섯밥 / 66
뿌리채소 영양밥 / 68
근대쌈밥과 참치쌈장 / 70
훈제오리 부추 달걀덮밥 / 72
아보카도 연어덮밥 / 74
연어 김치 구운주먹밥 / 76
팽이버섯 오므라이스 / 78
부추 닭가슴살덮밥 / 80
시금치 알리오올리오 볶음밥 / 82
닭안심 브로콜리 카레밥 / 84
주꾸미 미나리볶음밥 / 86
새우 브로콜리덮밥 / 88
굴 크림리소토 / 90
매콤 문어 양배추볶음밥 / 92
뿌리채소 치즈카레 / 94
중화풍 닭고기 배추덮밥 / 96
갈릭 버터 쉬림프덮밥 / 98
병아리콩 짜장면 / 100
병아리콩국수 / 102
땅콩소스 비빔쌀국수 / 104
훈제오리 김치파스타 / 106
새우 버섯 간장파스타 / 108
부추 굴떡국 / 110
황태 미역 들깨떡국 / 112

Part 3
건강한 국 & 찌개

굴 배추 된장국 / 116
콩가루 들깨 시래깃국 / 118
고등어추어탕 / 120
주꾸미 닭볶음탕 / 122
두부 버섯 들깨탕 / 124
묵은지 검은콩탕 / 126
부추 닭곰탕 / 128
굴 순두부 달걀탕 / 130
바지락 순두부찌개 / 132
소고기 가지찌개 / 134
대하찌개 / 136
꼬막 된장찌개 / 138
애호박찌개 / 140
불고기 버섯전골 / 142
두부 견과 강된장 / 144
토마토 가지냉국 / 146

Part 4
건강한 반찬

무말랭이 레몬장아찌 / 150
가지장아찌 / 152
팽이버섯장아찌 / 154
양배추 물김치 / 156
김조림 / 158
無수분 연근조림 / 160
마늘 견과조림 / 162
다시마 곤약 감자조림 / 164
톳 오이무침 / 166

부추 꼬막무침 / 168
시금치 고추장무침 / 170
가지 된장구이 / 172
유자청 삼치구이 / 174
비트 연근튀김 / 176
부추 두부구이와 소고기양념장 / 178
두부빈대떡 / 180
파래전 / 182

Part 5
건강한 특별요리

아스파라거스 키쉬 / 186
새우 진주완자 / 188
마늘보쌈 / 190
토마토 묵은지 등갈비찜 / 192
해물찜 / 194
토마토 홍합탕 / 196
문어강정 / 198
표고버섯깐풍기 / 200
가지탕수 / 202
브로콜리 연어크림크로켓 / 204
훈제오리냉채 / 206
토마토 컵밥 / 208
연어 오이롤초밥 / 210
검은깨 아몬드롤초밥 / 212
딸기크림소스 닭가슴살 치즈롤 / 214
야생블루베리 목살스테이크 / 216

Part 6

건강한 간식&디저트

근대 오믈렛(토르챠) / 220
파래 치즈 찹쌀구이 / 222
크럼블 바나나 찹쌀파이 / 224
단호박 치즈 찹쌀파이 / 226
병아리콩 찹쌀 비스코티 / 228
오트밀 바나나 팬케이크 / 230
달걀 부추빵 / 232
인삼 크림치즈머핀 / 234
당근머핀(with 핫케이크가루) / 236
콩가루 두부도넛(with 핫케이크가루) / 238
가지 크로크무슈 / 240
비트크림치즈 오픈샌드위치 / 242
시금치 플랫브레드 / 244
구운 바나나 프렌치토스트 / 246
참치 와사비 샌드위치 / 248

닭가슴살 아보카도 샌드위치 / 250
로즈애플파이(with 만두피) / 252
검은깨쿠키 / 254
녹차 스노우볼 쿠키 / 256
귀리 시리얼바 / 258
단호박 꿀구이 / 260
아스파라거스 튀김 / 262
허니버터 떡볶이 / 264
허니버터 병아리콩 스낵 / 266
연두부 망고푸딩 / 268
아보카도 과카몰리 / 270
녹차 스프레드 / 272
땅콩잼 / 274

레시피 계량 기준

계량스푼 = 1큰술 = 밥숟가락 = 15g
계량스푼 = 1작은술 = 차숟가락 = 5g

1컵 = 200ml
종이컵 가득 1컵 = 180ml

액체재료

액체재료 1큰술　　　　액체재료 0.5큰술　　　　액체재료 1작은술

가루재료

가루재료 1큰술　　　　가루재료 0.5큰술　　　　가루재료 1작은술

장 류

      장류 1큰술   장류 0.5큰술   장류 1작은술

다진 채소

   다진 채소 1큰술   다진 채소 0.5큰술   다진 채소 1작은술

컵

1컵 = 200ml, 1/2컵 = 100ml   종이컵 1컵 = 180ml

육수 만드는 법

1. 다시마 육수

재료
찬물 6컵, 다시마(5×5) 3장

1. 다시마는 면포나 키친타월을 이용해 겉면의 먼지를 닦고, 요리하기 30분 전에 찬물에 담가둡니다.

2. 냄비에 물과 다시마를 넣고 물이 끓기 시작하면 2~3분 뒤에 다시마를 건져 내면 완성입니다.

깨알 꿀 TIP
- 유리병에 물과 다시마를 넣고 냉장고에 보관해두었다가 필요할 때마다 꺼내 사용하면 편리해요.
- 아침에 국을 끓인다면 전날 미리 준비하는 게 좋아요.

3. 진한 육수

재료
물 6~7컵, 다시마(5×5) 2장, 멸치 15마리

선택재료
양파 1/2개(70g), 무 70g, 건새우 10마리

1. 다시마와 멸치 외에 감칠맛을 더해줄 양파와 무, 건새우를 준비합니다.

2. 냄비에 재료를 모두 넣고 끓기 시작하면 2~3분 후 다시마를 먼저 건지고, 나머지 재료들을 10분 정도 더 끓여 면포에 거르면 완성입니다.

깨알 꿀 TIP
- 선택재료를 모두 넣어도 좋고, 원하는 것만 넣어도 좋아요. 양파를 넣으면 달달한 육수, 무를 넣으면 시원한 육수, 건새우를 넣으면 해물 육수를 만들 수 있어요.

2. 멸치다시마 육수

재료
물 6~7컵, 다시마(5×5) 2장,
멸치 15마리

1. 멸치는 내장을 빼고, 마른 팬에 올려 살짝 볶아 비린내를 없앱니다.

2. 다시마는 면포로 겉면을 닦고, 볶은 멸치도 준비합니다.

3. 냄비에 물과 다시마, 멸치를 넣고 물이 끓기 시작하면 2~3분 정도 끓이다가 다시마는 먼저 건지고, 7~8분 정도 더 끓여 면포에 거르면 완성입니다.

깨알 꿀 TIP
- 멸치를 팬에 볶는 게 번거롭다면, 그릇에 키친타월을 깔고 전자레인지에 30~40초 정도 돌려도 돼요.

고추기름 만드는 법 (전자레인지)

재료 식물성오일 10큰술(150g), 고춧가루 5큰술, 편으로 썬 마늘 4개, 다진 파 1큰술, 다진 생강 1작은술

깨알 꿀 TIP
- 다진 생강 대신에 생강가루를 넣어도 좋아요.
- 랩을 씌우고 전자레인지에 돌릴 경우 포크를 이용해 구멍을 한두 개 정도 내주세요.

1. 전자레인지용 용기에 분량의 재료를 모두 넣고 잘 섞습니다.

2. 뚜껑을 덮어 전자레인지에 넣고 2분을 돌린 뒤 20초 정도 쉬었다가 다시 1분 더 돌립니다. 내용물이 넘칠 수 있으니 용기에 70%만 채워 돌립니다.

3. 잠시 식혔다가 체에 밭쳐 기름만 걸러 냅니다.

4. 충분히 식은 고추기름을 용기에 넣어 냉장보관하면 완성입니다.

수란 만드는 법 (전자레인지)

재료 달걀 1개, 물 100g, 식초 1작은술

깨알 꿀 TIP
- 집집마다 전자레인지의 사양이 다르니 1분을 돌린 후 15초씩 나누어 돌리세요.
- 수란은 샐러드나 덮밥, 브런치 등에 곁들이면 좋아요.

1. 전자레인지용 용기에 물과 식초를 넣고 섞습니다.

2. 달걀을 깨서 넣습니다.

3. 랩으로 입구를 막고 전자레인지에 넣어 1분 15초~1분 30초 정도 돌린 뒤 용기째 찬물에 담가 식히면 완성입니다.

춘장 볶는 법

재료 춘장 300g, 식물성오일 1컵, 굴소스 2큰술, 설탕 3큰술

깨알 꿀 TIP
- 춘장은 한번에 볶아 냉장고에 숙성시켜두면 춘장 특유의 떫은맛도 없어지고 더 맛있어요.
- 볶은 춘장은 냉장고에서 한 달 정도 보관이 가능해요.

1. 팬에 식물성오일을 넣고 가열하다가 열이 올라오면 춘장과 굴소스, 설탕을 넣습니다.

2. 약불에서 춘장을 저으면서 튀기듯 볶습니다. 약 8~9분간 구수한 냄새가 퍼질 때까지 충분히 볶습니다.

3. 볶은 춘장은 체에 밭쳐 기름을 빼고, 통에 담아 냉장고에 보관하면 완성입니다.

귀리 볶는 법

깨알 꿀 TIP

- 그냥 먹어도 바삭하고 고소한 볶은 귀리는 요거트나 시리얼에 넣어 먹어도 좋고, 견과류 바를 만들어도 좋아요.
- 볶은 귀리를 갈아서 분말로 만들면 고소한 귀리죽(p.34)을 만들어 먹을 수도 있고, 쿠키나 팬케이크(p.230)도 만들 수 있어요.

1. 귀리는 볶기 2~3시간 전에 미리 불려 둡니다.

2. 충분히 불린 귀리는 체에 밭쳐 물기를 제거합니다. 볶기 전 면보를 이용해 한 번 더 물기를 빼도 좋습니다.

3. 마른 팬에 귀리를 넣고 센불에서 저으며 볶아 수분을 날립니다. 수분이 어느 정도 날아가 귀리가 타닥타닥 튀기 시작하면 중약불로 줄이고 노릇노릇해질 때까지 충분히 볶습니다.

4. 전체적으로 진한 갈색 빛이 돌때까지 약 20분 정도 볶으면 완성입니다.

병아리콩 삶는 법(소분하기)

깨알 꿀 TIP
- 병아리콩을 삶을 때 소금 0.5작은술을 넣고 삶으면 비린내는 없애고 고소함을 살릴 수 있어요.
- 잘 삶은 병아리콩은 샐러드에 토핑으로 올리거나 우유나 두유에 넣고 갈아 마셔도 좋아요.

1. 병아리콩을 2~3번 정도 깨끗하게 씻고 콩의 2~3배 분량의 물을 넣어 4~5시간 동안 충분히 불립니다.

2. 냄비에 병아리콩이 푹 잠기게 물을 넣고, 물이 끓기 시작하면 중불로 줄여 25~30분간 삶으면 완성입니다.

3. 잘 익은 병아리콩은 완전히 식힌 뒤, 한 번 먹을 분량씩 위생비닐에 넣어 냉동실에 보관하면 편리합니다.

아스파라거스 손질법

깨알 꿀 TIP
- 아스파라거스는 껍질을 벗긴 뒤 시간이 지나면 쓴맛이 생기므로 가능한 한 빨리 조리하세요.
- 끓는 물에 데칠 때는 아스파라거스의 뿌리 부분부터 넣어 데치세요.

1. 아스파라거스를 깨끗하게 씻고 밑동을 2cm 정도 자릅니다.

2. 필러를 사용해 아스파라거스 껍질을 벗깁니다.

3. 끓는 물에 소금을 약간 넣고 아스파라거스를 데치면 완성입니다.

아보카도 손질법

깨알 꿀 TIP

- 바로 먹을 아보카도는 와인 빛이 도는 것으로, 후숙시킬 아보카도는 초록빛이 도는 것으로 고르세요.
- 껍질에 검은 반점이 있는 아보카도는 피하는 것이 좋아요.
- 잘 익은 아보카도는 씨를 빼지 말고 과육 단면에 레몬즙을 바른 뒤 밀봉해 냉동보관하면 언제든 간편하게 사용할 수 있어요. 요리 전 실온에서 10~15분간 해동시키면 된답니다.

1. 살짝 눌렀을 때 탄력이 있는 와인 빛의 아보카도를 준비합니다.

2. 중간에 있는 씨를 기점으로 동그랗게 빙 돌려 칼집을 냅니다.

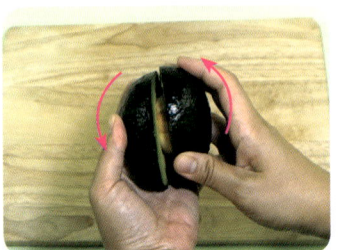

3. 칼집을 낸 아보카도를 양손으로 잡고 서로 다른 방향으로 비틀어 분리합니다.

4. 씨에 칼을 내리쳐 꽂은 다음 그대로 들어 올려 씨를 빼냅니다. 잘 익은 아보카도는 손이나 숟가락을 이용해도 됩니다.

5. 숟가락을 껍질과 과육 사이에 넣고 돌려가며 분리하면 완성입니다.

꼬막 손질법

재료 꼬막 1kg, 소금 2큰술, 물 5컵, 청주 1큰술

깨알 꿀 TIP
- 청주 대신 맛술이나 간장을 넣어도 좋아요.
- 물이 끓은 뒤 청주를 넣으면 온도가 내려가요. 꼬막은 뜨거운 물에 오래 삶으면 질겨지기 때문에 살짝 온도를 내리는 것이 좋답니다.

1. 꼬막에 소금을 1큰술만 넣고 양손으로 비벼 바락바락 문지른 뒤, 3~4번 헹굽니다.

2. 남은 소금 1큰술을 녹인 소금물에 꼬막을 넣고 검은 봉지나 호일로 덮어 냉장고에 30분~1시간 정도 해감시킨 뒤 깨끗하게 헹굽니다.

3. 냄비에 물이 끓으면 청주를 넣습니다.

4. 바로 꼬막을 넣고 한 방향으로 저으며 삶다가 꼬막이 입을 벌리기 시작하면 건집니다.

5. 따뜻한 상태의 꼬막은 숟가락을 이용해 껍질과 살을 분리하면 완성입니다.

꽃게 손질법

깨알 꿀 TIP
- 게는 딱 들었을 때 묵직한 느낌이 있는 것을 구입하세요.
- 배 부분이 동그라면 암게, 뾰족하면 수게예요. 5~6월은 암게가 알이 차 맛있는 시기이고, 9~11월은 수게가 맛있는 철이에요.

1. 솔로 게를 구석구석 문질러 이물질을 깨끗하게 제거합니다.

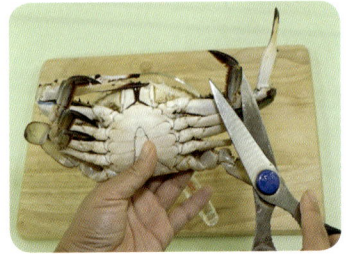

2. 집게발을 제외하고 살이 없는 다리 끝부분은 가위를 이용해 잘라줍니다.

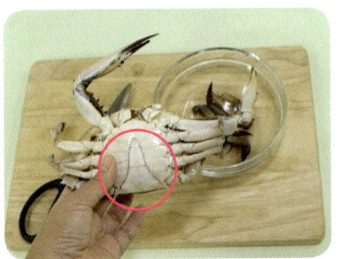

3. 배딱지를 뒤집어 당겨서 자릅니다.

4. 게의 머리 쪽을 잡고 배와 등딱지의 경계부분 안으로 엄지손가락을 넣고 힘주어 벌려 뚜껑과 몸통을 분리합니다.

5. 아가미는 가위를 이용해 정리하고 먹기 좋은 크기로 자르면 완성입니다.

주꾸미 손질법

재료   주꾸미 4마리, 밀가루 1큰술

깨알 꿀 TIP
- 내장과 먹물을 자를 때 물 속에서 자르면 잘못해서 먹물을 터뜨렸을 때 사방으로 튀는 것을 막을 수 있어요.
- 신선한 생물 주꾸미라면 밀가루 대신 굵은 소금으로 박박 문질러도 괜찮아요.

1. 머리 부분을 가위로 자릅니다.

2. 안에 있는 내장과 먹물을 자릅니다. 이때 내장 옆에 하얀 것은 알이니 제거하지 않습니다.

3. 주꾸미의 눈을 가위로 자릅니다.

4. 다리를 뒤집어 안쪽에 있는 입을 꾹 눌러 뺍니다.

5. 밀가루를 넣고 빨판을 중심으로 조물조물 주물러 불순물을 제거합니다.

6. 흐르는 물에 깨끗하게 헹구고, 끓는 물에 살짝 데치면 완성입니다.

문어 손질법

재료 문어 1마리, 밀가루 3~4큰술, 무 2~3쪽, 양파 1/2개

깨알 꿀 TIP
- 1kg 미만 문어는 5분, 그 이상은 7~8분 내외로 삶고, 차가운 물에 식혀 탱탱함을 유지해 주세요.
- 무를 넣어 문어를 삶으면 무의 디아스티아제 성분이 문어를 연하게 만들어요.

1. 문어 머리를 가위로 자릅니다.

2. 안에 있는 내장과 먹물을 자릅니다.

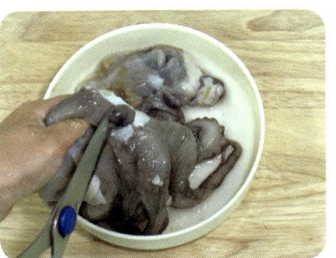

3. 문어의 눈을 가위로 자릅니다.

4. 다리를 뒤집어 안쪽에 있는 입을 꾹 눌러 튀어나오게 한 뒤 자릅니다.

5. 밀가루를 넣고 빨판을 중심으로 바락바락 주물러 불순물을 제거한 뒤, 흐르는 물에 깨끗하게 헹굽니다.

6. 냄비에 물과 무, 양파를 넣고 물이 끓어오르면 문어 머리를 잡고 물에 담갔다 뺐다를 3~4회 반복한 뒤 완전히 넣어 5~6분간 더 삶으면 완성입니다.

닭고기 손질법

> **깨알 꿀 TIP**
> • 배 안의 내장과 기름을 꼼꼼히 제거해야 닭 특유의 누린내와 느끼함을 없앨 수 있어요.

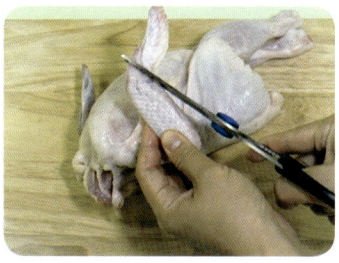

1. 닭의 양쪽 날개 끝부분을 가위로 자릅니다.

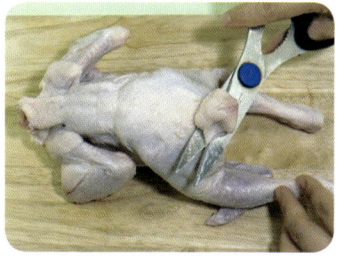

2. 닭의 꽁지 부분을 자릅니다.

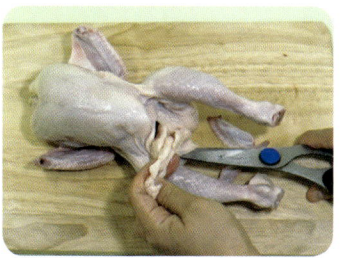

3. 배 안쪽으로 말려 들어간 껍질을 꺼내서 자릅니다.

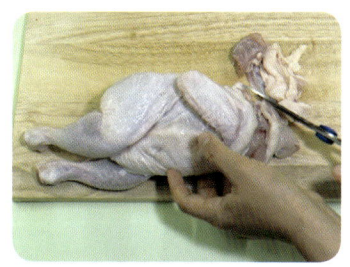

4. 목 부분을 자르고 기름기를 제거합니다.

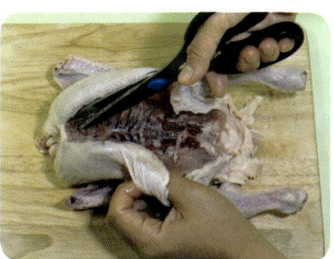

5. 닭의 가슴 부위를 가위로 자르고, 가슴을 폈을 때 안쪽에 기름기가 있다면 제거합니다.

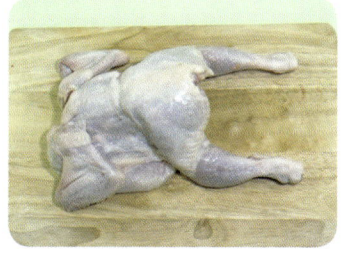

6. 손질을 마친 닭은 흐르는 물에 깨끗이 씻은 뒤, 뜨거운 물을 부어 한 번 데치면 완성입니다.

SUPER FOOD

PART. 1
건강한 애피타이저

무 크림수프
들깨 연근수프
병아리콩수프
흑임자죽
오버나이트 오트밀 & 귀리죽
두부 게살죽
마늘 인삼죽
시금치 바지락죽
비트 사과수프
새송이버섯샐러드
구운 빵 귀리샐러드
마늘 새우 매콤샐러드
크림치즈 견과볼 딸기샐러드
콥샐러드
두부 새우카나페
연어 카르파치오

무 크림수프

무로 수프를 만든다고 하니까 깜짝 놀라셨죠? 맛을 보면 더욱 깜짝 놀랄 거예요. 우유와 생크림을 넣어 첫맛은 부드러우면서 뒷맛은 무척 담백하고 깔끔하답니다. 기관지가 좋지 않은 남편은 무 크림수프를 먹고 나면 목이 개운해지는 느낌이 든다고 하더라고요. 미세먼지가 가득할 때, 기관지가 약해지는 시기에 아침 메뉴로 강력 추천합니다.

재료  3인분

무 300g, 양파 100g, 대파 흰 부분 50g, 버터 20g, 물 4컵, 가루치킨스톡 3작은술, 밥 4큰술, 생크림 100g, 소금 2/3작은술

1. 무와 양파는 채 썰고, 대파는 어슷썰기해서 준비합니다.
2. 냄비에 버터와 양파를 넣고 중약불로 양파가 노릇노릇해질 때까지 볶다가 대파를 넣습니다.
3. 채 썬 무를 넣고 무의 숨이 죽을 때까지 볶습니다.
4. 물과 가루치킨스톡을 넣고 끓입니다. 재료가 익으면 불을 끄고 잠시 식힙니다.
5. 밥을 넣고 핸드 블렌더나 믹서로 곱게 갑니다.
6. 다시 불을 켜 중약불로 저으며 끓이다가 생크림을 넣어 농도를 맞추고, 소금으로 간을 하면 완성입니다.

깨알 꿀 TIP

- 가루치킨스톡이 없다면 닭육수 4컵을 넣어도 좋아요.
- 기호에 따라 후추를 넣어 입맛에 맞게 즐기세요.

영양사의 Pick

- 무에는 비타민C와 식이섬유소, 칼슘, 칼륨 등이 풍부해요. 또한 무에 함유된 여러 가지 소화 효소 들이 음식의 소화·흡수를 도와 위 통증과 위궤양을 예방할 수 있어요.

PART 1 • 건강한 애피타이저

들깨 연근수프

가을부터 봄까지가 제철인 연근은 수프로 만들어 먹으면 구수한 맛이 아주 일품이에요. 특히 속에 부담이 되지 않기 때문에 아침식사로 먹기 좋은데요. 여기에 들깨가루를 넣어 더욱 고소한 맛을 살렸답니다.

재료 3인분

연근 200g, 양파 1/2개(100g), 대파 흰 부분 50g, 버터 20g, 물 2컵, 두유 2컵, 들깨가루 2큰술, 올리고당 1작은술, 소금 약간

깨알 꿀 TIP

- 껍질을 벗긴 연근은 식초(2~3큰술)를 넣은 물에 10~20분 정도 담갔다 사용하면, 연근 특유의 떫은맛을 없앨 수 있어요.
- 믹서에 갈기 전에 두유를 부으면 음식 식히는 시간을 단축할 수 있어요.

영양사의 Pick

- 연근은 비타민C와 철분이 많아 혈액 생성에 도움을 주고, 식이섬유소가 풍부해 변비예방 및 다이어트에 도움이 돼요. 여기에 리놀렌산(linolenic acid)이 풍부한 들깨를 넣으면 연근에 부족한 지방산을 보완할 수 있어요.

1. 연근과 양파는 채 썰고, 대파도 어슷썰기해서 준비합니다.
2. 버터와 양파를 냄비에 넣어 양파의 색이 변할 때까지 충분히 볶아 단맛을 낸 뒤, 대파를 넣고 볶습니다.
3. 연근을 넣고 살짝 노릇해질 때까지 볶습니다.
4. 물과 두유를 넣고 연근을 익힙니다. 고소한 맛을 원하면 물 대신 두유 4컵을 넣어도 좋습니다.
5. 재료가 익으면 불을 끄고 잠시 식힌 뒤, 핸드 블렌더나 믹서를 이용해 갈아줍니다.
6. 다시 불을 켜 저으며 끓이다가 들깨가루를 넣어 섞습니다. 마지막으로 올리고당과 소금을 넣어 간을 맞추면 완성입니다.

PART 1 • 건강한 애피타이저

병아리콩수프

남편도 아이도 좋아하기 때문에 날씨가 쌀쌀해지면 아침메뉴로 자주 만들곤 하는 메뉴예요. 병아리콩수프는 콩 특유의 비린내가 없고 밤 맛이 나서 아이도 어른도 부담 없이 즐길 수 있고 만들기도 아주 간단하답니다.

재료 3인분

양파소 1개, 병아리콩 1컵, 버터 1큰술, 밀가루 1큰술, 우유(두유) 2컵, 소금 1꼬집

깨알 꿀 TIP

- 기호에 따라 후추를 첨가해서 먹어도 좋아요.
- 병아리콩을 손질하는 방법은 가이드를 참고하세요.(p.16).
- 양파를 노릇노릇해질 때까지 볶으면 단맛과 풍미가 살아나요. 타는듯하면 불을 약간 더해 갈색이 날 때까지 볶아주세요.

영양사의 Pick

- 병아리콩은 칼슘의 함량이 매우 높으며 비타민C와 철분 또한 풍부하여 빈혈과 면역력 증진에 도움이 돼요.

1. 양파는 얇게 채 썰고, 병아리콩은 삶아서 준비합니다.
2. 냄비에 버터를 넣고 채 썬 양파를 볶다가 양파가 노릇노릇해지면 밀가루를 넣고 잠시 볶습니다.
3. 삶은 병아리콩을 넣고 우유는 한 컵 반만 넣은 뒤, 믹서나 핸드 블렌더를 이용해 곱게 갈아줍니다.
4. 눌어붙지 않도록 바닥까지 저으면서 끓이고, 남은 우유 반 컵으로 농도를 맞춥니다. 소금을 넣어 간을 맞추면 완성입니다.

흑임자죽

검은깨를 갈아 넣은 흑임자죽은 날이 추워질 때 먹으면 속이 따뜻해져서 마치 보양을 한 것과 같은 기분을 느낄 수 있어요. 부드러운 식감은 물론 소화가 잘돼 몸이 아플 때도 아주 좋답니다.

🍴 재료 5~6인분

멥쌀 100g, 찹쌀 100g, 흑임자 80g, 물 7컵, 견과류 1줌, 소금 1작은술, 설탕(꿀) 3~4큰술

깨알 꿀 TIP

- 견과류는 아몬드와 호두를 사용했는데, 이외에 다른 견과류를 넣어도 좋아요.
- 소금과 설탕(꿀)은 기호에 따라 가감하세요.
- 부드러운 식감을 원한다면 흑임자를 갈 때, 물 2컵을 넣고 갈아 체에 걸러 사용하세요. 이 경우에는 죽을 끓일 때 사용하는 물을 1컵 줄이면 된답니다.

영양사의 Pick

- 블랙푸드의 대표적인 식품인 검은깨는 암의 원인이 되는 활성산소를 없애 강력한 항산화 작용을 하고, 비타민E가 풍부해 대장암 예방에 도움이 돼요.

1. 흑임자와 견과류를 준비하고, 찹쌀과 멥쌀은 죽을 끓이기 2~3시간 전에 미리 불려둡니다.
2. 미리 불린 쌀에 물 2컵을 넣고 곱게 갈아 체에 거릅니다.
3. 흑임자와 견과류도 물 1컵을 넣고 곱게 갈아줍니다.
4. 냄비에 곱게 간 쌀을 넣고 중약불에서 저으면서 끓입니다. 쌀이 덩어리지기 시작하면 물을 1컵씩 총 4번을 부으며 덩어리가 풀어질 때까지 저으면서 끓입니다.
5. 갈아놓은 흑임자와 견과류를 넣고 덩어리지지 않도록 저어가며 3~4분 정도 더 끓이다가 소금과 설탕(꿀)을 넣어 간을 맞추면 완성입니다.

오버나이트오트밀 & 귀리죽

귀리는 미숫가루와 같이 구수한 맛을 가지고 있어서 죽으로 먹으면 정말 맛있어요. 이번에는 맛있는 귀리죽 끓이는 방법을 두 가지로 소개할 건데요. 어떻게 드셔도 맛있으니까 꼭 따라해 보세요.

재료

오버나이트 오트밀 (1인분)
귀리가루 4~5큰술, 우유(두유) 150g, 바나나 1/2개, 건크랜베리 등 베리류와 견과류 1줌

귀리죽 (2~3인분)
귀리 1컵, 아몬드 1줌, 물 5~6컵, 다진 양파 1/4개, 다진 당근 1/6개, 다진 애호박 1/5개, 소금 약간

[오버나이트 오트밀]
1. 귀리가루를 볼에 넣고 우유나 두유를 부어 불립니다. 아침 식사하기 전날 밤 미리 불려두면 좋습니다.
2. 충분히 불려 죽과 같은 형태가 된 귀리가루에 바나나와 건크랜베리 등의 베리류와 견과류 토핑을 올리면 완성입니다.

깨알 꿀 TIP
- 귀리를 전처리하는 방법이 가이드를 참고하세요(p.15).
- 바나나와 건크랜베리는 귀리와 무척 잘 어울려요.
- 귀리죽에 으깬 바나나 1~2개를 넣고 끓여도 맛있어요. 마무리로 우유나 두유 1컵을 넣어 농도를 조절하고 베리류나 견과류 토핑을 더해 드시면 더욱 고소해져요.

영양사의 Pick
- 귀리는 다른 곡물에 비해 단백질 함량이 높아 성장기 어린이들에게 정말 좋아요.

[귀리죽]
1. 귀리는 깨끗하게 씻은 뒤 3~4시간 정도 물에 불린 후 볶은 아몬드와 함께 믹서에 넣습니다.
2. 불린 귀리와 아몬드에 물 1컵을 넣고 갈아줍니다. 씹히는 맛이 좋다면 성글게 갈고, 부드러운 맛이 좋다면 곱게 갈아줍니다.
3. 간 재료와 물 4컵을 냄비에 넣고 센불로 저으며 끓이다가 끓기 시작하면 중불로 줄입니다. 나머지 물 1컵은 농도를 보며 넣습니다.
4. 25분 정도 끓인 뒤 다진 양파, 당근, 애호박을 넣어 재료들이 익을 정도로 끓이다가 소금으로 간을 맞추면 완성입니다.

두부 게살죽

두부의 고소함을 그대로 담은 두부 게살죽을 소개합니다. 쌀쌀해지기 시작할 때 든든한 아침 식사로 너무 좋은데요. 부드럽고 고소한 두부를 갈아 넣어 두부를 좋아하지 않는 분들도 맛있게 즐길 수 있으실 거예요.

재료 2~3인분

쌀 1컵, 멸치다시마 육수 7컵, 쯔유 1큰술, 국간장 2~3큰술, 양파 1/2개, 당근 1/4개, 표고버섯 4개, 참기름 1큰술, 두부 200g, 크래미 200g

1. 양파와 당근, 표고버섯을 작게 다집니다.
2. 두부는 믹서에 갈고, 크래미는 잘게 찢어줍니다.
3. 냄비에 참기름을 두르고 쌀이 투명해질 때까지 볶다가 멸치다시마 육수를 붓고 쌀알이 퍼질 때까지 저어가며 끓입니다.
4. 쌀알이 퍼지기 시작하면 다진 채소와 표고버섯을 넣고 끓입니다.
5. 죽이 완성될 때쯤 갈아놓은 두부와 크래미를 넣고 2~3분간 더 저으며 끓입니다. 마지막으로 쯔유와 국간장을 넣으면 완성입니다.

깨알 꿀 TIP

- 쌀은 죽을 끓이기 30분 전에 미리 불려두었다가 체에 밭쳐 물기를 제거해주세요.
- 멸치다시마 육수를 만드는 방법은 가이드를 참고하세요(p.11).
- 불린 쌀 대신 찬밥을 이용해도 좋아요. 찬밥으로 만들었다면 마지막에 참기름을 한 방울 넣어 풍미를 살려주세요.
- 부족한 간은 소금을 넣어 맞추세요.

영양사의 Pick

- 두부는 대표적인 식물성 단백질의 급원으로 항산화 물질인 이소플라본(isoflavone)이 많이 들어 있어 골다공증과 유방암을 예방할 수 있어요.

마늘 인삼죽

이번 레시피는 시아버님이 전해주신 특급 레시피의 업그레이드 버전이에요. 몸이 으슬으슬해질 때면 항상 챙겨 먹는 마늘죽에 인삼을 넣어 보양죽으로 만들었답니다. 따뜻한 성질을 지닌 마늘과 인삼으로 올 겨울 감기는 걱정 없어요.

재료 2~3인분

쌀 1컵, 멸치다시마 육수 7컵, 다진 마늘 2큰술, 참기름 1큰술, 인삼 1뿌리, 달걀 1개, 국간장 2큰술, 소금 약간

깨알 꿀 TIP

- 쌀은 죽을 끓이기 30분 전에 미리 불려두었다가 체에 밭쳐 물기를 제거해주세요.
- 멸치다시마 육수 만드는 방법은 가이드를 참고하세요(p.11).
- 국간장 대신 쯔유를 1큰술을 넣으면 더욱 맛이 좋아져요.

영양사의 Pick

- 마늘은 항암효과뿐만 아니라 콜레스테롤을 억제하여 고지혈증 및 동맥경화증 개선에 도움을 주어 심혈관 질환의 위험을 감소시켜요. 면역력 강화에 좋은 인삼과 궁합이 매우 좋답니다.

1. 인삼은 잘게 다지고, 다진 마늘도 준비합니다.
2. 프라이팬에 참기름을 넣고 다진 마늘을 중약불로 1~2분간 볶습니다.
3. 불린 쌀을 넣고 쌀알이 투명해질 때까지 볶습니다.
4. 쌀알이 투명해지면 멸치다시마 육수와 다진 인삼을 넣고 계속 저으며 끓입니다.
5. 죽이 완성될 때쯤 국간장과 소금을 이용해 간을 하고, 달걀을 풀어 넣어 잘 섞으면 완성입니다.

시금치 바지락죽

시금치 바지락죽은 아이가 아플 때 종종 끓여주던 죽이에요. 바지락의 감칠맛과 은은한 된장육수, 시금치의 조화가 너무 좋아서 그런지 아파서 입맛 없던 아이도 한 그릇 뚝딱 비운답니다.

재료 3인분

바지락살 100g, 시금치 80g, 쌀 1컵, 참기름 1.5큰술, 멸치다시마건새우 육수 7컵, 된장 1~1.5큰술

깨알 꿀 TIP

- 쌀은 죽을 끓이기 30분 전에 미리 불려두었다가 체에 밭쳐 물기를 제거해주세요.
- 멸치다시마건새우 육수를 만드는 방법은 가이드를 참고하세요 (p.10).

영양사의 Pick

- 비타민A와 C가 풍부한 시금치는 항산화 효과 및 면역력 증진에 좋고, 철분과 엽산이 풍부해 빈혈예방과 태아의 뇌신경 형성에 중요한 역할을 해요. 단, 칼슘의 흡수를 방해하는 옥살산염(Oxalate)이 과량 들어있어 칼슘보충제를 복용하는 사람은 피하는 것이 좋아요.

1. 불린 쌀과 깨끗하게 씻은 바지락살, 쫑쫑 썬 시금치를 준비합니다.
2. 프라이팬에 참기름을 두르고 불린 쌀이 투명해질 때까지 볶다가, 미리 준비한 육수를 넣고 쌀알이 퍼질 때까지 저으며 끓입니다.
3. 육수가 반으로 줄면 된장을 풀고, 바지락살을 넣은 뒤 계속 저으면서 끓입니다.
4. 마지막으로 쫑쫑 썬 시금치를 넣고 저으면서 조금 더 끓이면 완성입니다.

PART 1 · 건강한 애피타이저

비트사과수프

시원하게 드실 수 있는 냉수프로 예쁜 색만큼이나 맛있는 비트 사과수프예요. 빨간 수프에 하얀 그릭요거트를 한 스푼씩 드문드문 올리고 젓가락을 이용해 저으면 모양도 예쁘게 담을 수 있어요. 상큼한 비트 사과수프와 부드러운 그릭요거트의 만남. 그 어울림을 함께 즐겨보세요.

 **재료** 3~4인분

사과 1개, 비트 1개, 물 1컵, 그릭요거트 1개, 레몬즙 2큰술, 소금 약간

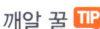 **깨알 꿀 TIP**

- 씹는 맛을 원한다면 베리류를 올려 드시는 것도 좋아요.
- 사과와 비트를 갈아 냉장실에 넣어 차갑게 만든 뒤 먹기 직전에 요거트와 레몬즙을 곁들이세요.

영양사의 Pick

- 비트와 사과 모두 대표적인 레드 푸드로 혈관을 튼튼하게 하고 노화 진행을 늦추는 항산화 작용을 하는데요. 특히 사과 속 비타민C는 피부미용과 피로 회복에 좋답니다.

1. 깨끗하게 씻은 사과와 껍질을 벗긴 비트를 작게 썰어 준비합니다.
2. 냄비에 사과와 비트를 넣고 물을 부어 7~8분간 끓인 뒤 식힙니다.
3. 덩어리가 남아있지 않도록 믹서나 핸드 블렌더를 이용해 곱게 간 뒤 소금과 레몬즙을 넣고 그릭요거트를 듬뿍 뿌리면 완성입니다

PART 1 · 건강한 애피타이저

새송이버섯 샐러드

고기마니아인 남편이 가장 좋아하는 샐러드예요. 구운 새송이버섯이 꼭 고기를 먹는 것 같다나요? 여기에 구운 야채와 아주 잘 어울리는 발사믹소스를 곁들이면 금상첨화죠. 새송이버섯 샐러드와 발사믹소스, 그리고 담백한 빵이 함께라면 카페 브런치로도 손색이 없답니다.

🍴 재료 2인분

새송이버섯 2개, 소금 1꼬집, 후추 약간, 올리브오일 5큰술, 어린잎채소 100g

발사믹소스
발사믹식초 3큰술, 올리브오일 5큰술, 꿀 1큰술, 다진 양파 1큰술, 다진 마늘 1작은술

깨알 꿀 TIP
- 발사믹소스는 리코타치즈 샐러드에도, 구운 빵을 넣은 샐러드에도 참 잘 어울려요.
- 완성된 샐러드에 수란을 만들어 넣으면 더욱 건강하게 드실 수 있어요(p.13).

영양사의 Pick
- 보통의 버섯보다 비타민C가 풍부한 새송이버섯은 칼슘과 철 등 신진대사를 원활하게 도와주는 무기질의 함량 또한 다른 버섯에 비해 매우 높아요.

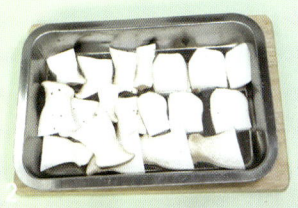

1. 어린잎채소는 흐르는 물에 깨끗이 씻은 뒤 물기를 빼서 그릇에 담습니다.
2. 새송이버섯은 반으로 나눈 뒤 편으로 썰고, 소금과 후추를 살짝 뿌려 밑간을 합니다.
3. 프라이팬에 올리브오일을 두르고 키친타월로 슬쩍 닦아낸 뒤, 새송이버섯을 굽습니다.
4. 분량의 재료를 넣고 섞어 발사믹소스를 만들고 어린잎채소와 새송이버섯을 담은 샐러드 위에 뿌리면 완성입니다.

PART 1 · 건강한 애피타이저

구운빵 귀리샐러드

식사 대용으로 정말 좋은 샐러드예요. 바삭하게 구워낸 호밀 빵과 볶은 귀리를 아삭한 야채 위에 올리면 식감은 물론 포만감도 뛰어나 한 끼 식사로도 손색이 없답니다. 마늘 향이 솔솔 나는 샐러드와의 궁합이 아주 좋아요.

🍴 재료 2인분

샐러드용 야채 150g, 슬라이스한 호밀 빵 2쪽, 올리브오일 1작은술, 볶은 귀리 2~3큰술

머스터드 드레싱

머스터드 0.5큰술, 마늘 2개, 레몬즙 0.5큰술, 올리브오일 3큰술, 설탕 0.3큰술, 소금 1꼬집

깨알 꿀 TIP

- 야채를 그릇에 담기 전 차가운 물에 한 번 넣었다가 빼면 더욱 아삭아삭해져요.
- 귀리 볶는 방법은 가이드를 참고하세요(p.15).
- 빵은 호밀 빵 이외에도 바게트나 식빵 등 다양하게 넣어 만들어 보세요.

영양사의 Pick

- 귀리에 가장 많이 함유되어있는 베타글루칸(β-glucan)은 혈중 콜레스테롤을 낮춰 각종 성인병을 예방하며 당뇨병이나 직장암의 발생을 막는 데 효과적이에요.

1. 샐러드용 야채는 흐르는 물에 깨끗이 씻은 뒤 물기를 빼서 그릇에 담습니다.
2. 분량의 드레싱 재료는 믹서에 넣고 갈아 준비합니다.
3. 호밀 빵은 알맞은 크기로 잘라 올리브유를 두른 팬에 바삭하게 굽습니다. 샐러드 위에 볶은 귀리와 구운 호밀 빵을 올리고 드레싱을 뿌리면 완성입니다.

마늘새우매콤샐러드

제가 가장 애정하는 샐러드를 소개해 드릴게요. 바로 마늘 새우 매콤샐러드인데요. 마늘과 새우를 구워 매콤한 고추드레싱을 곁들인 샐러드는 아무리 먹어도 질리지 않는답니다. 개인적으로 밥 대신 샐러드를 먹어야할 때 제일 먼저 찾는 샐러드예요.

재료 3인분

마늘 6~7개, 냉동새우大 1컵, 샐러드용 야채 150g, 올리브유 1작은술

고추드레싱

올리브유 5큰술, 식초 3큰술, 꿀 2.5~3큰술, 다진 할라페뇨피클 2큰술, 다진 마늘 1작은술, 다진 양파 2큰술

깨알 꿀 TIP

- 할라페뇨피클이 없다면 다진 고추장아찌 2큰술을 넣어도 좋아요.
- 샐러드에 자몽을 곁들이면 상큼한 맛도 함께 즐길 수 있어요.

영양사의 Pick

- 셀레늄, 칼슘, 비타민E가 풍부한 새우는 항산화 작용 및 동맥경화 예방에 좋고, 마늘 역시 강력한 항산화 작용 및 면역력 증가에 도움이 되기 때문에 함께 섭취하면 시너지 효과를 볼 수 있어요.

1. 마늘은 얇게 슬라이스해서 찬물에 담가 아린 맛을 빼고, 새우도 씻어 준비합니다.
2. 분량의 고추드레싱 재료를 모두 섞어 준비합니다.
3. 물에 담가두었던 마늘을 건져 물기를 제거하고 올리브유를 두른 팬에 노릇노릇하게 굽다가 새우를 넣고 익힌 뒤 키친타월로 기름기를 제거합니다.
4. 샐러드용 야채를 씻어 접시에 담고, 구운 마늘과 새우를 올린 뒤 고추드레싱을 뿌리면 완성입니다.

크림치즈견과볼딸기샐러드

다진 견과류와 크랜베리를 크림치즈와 섞어 동그랗게 만든 토핑에 딸기드레싱을 뿌려 먹는 샐러드입니다. 딸기드레싱의 상큼함과 야채샐러드의 아삭함, 크림치즈와 견과류의 고소함이 참 잘 어울리는 사랑스러운 샐러드예요.

재료 2~3인분

샐러드용 야채 120g, 딸기 6~7개

크림치즈 견과볼
크림치즈 2큰술, 꿀 1큰술, 다진 견과류 2큰술, 크랜베리 1큰술

딸기드레싱
딸기 6개, 식초 1큰술, 설탕 1큰술, 꿀 1큰술, 플레인 요거트 1큰술, 레몬즙 0.5큰술, 소금 2꼬집

1. 크림치즈와 꿀, 다진 견과류, 크랜베리를 골고루 섞은 뒤, 한입 크기로 동그랗게 만들어 크림치즈 견과볼을 만듭니다.
2. 분량의 딸기드레싱 재료를 믹서에 넣고 갈아 드레싱을 만듭니다.
3. 깨끗이 씻어 물기를 제거한 샐러드용 야채와 딸기를 그릇에 담고 견과볼을 올린 뒤 딸기드레싱을 뿌리면 완성입니다.

깨알 꿀 TIP
- 견과류는 아몬드나 호두, 캐슈넛 등 취향에 따라 넣으세요.
- 플레인 요거트 대신 마요네즈를 1큰술 넣어도 좋아요.

영양사의 Pick
- 견과류에 풍부한 불포화지방산은 중성지방 수치를 감소시켜 혈관질환 예방에 도움이 되며, 비타민 E와 셀레늄 같은 항산화 영양소가 풍부해 노화와 각종 성인병 및 암을 예방할 수 있어요.

콥샐러드

화려하고 예쁜 색상 때문에 손님 초대요리에 적격인 콥샐러드입니다. 콥샐러드는 미국의 한 레스토랑에서 남은 재료를 모아 샐러드로 만든 것이 유래라고 하는데요. 거창한 재료를 준비할 필요 없이 다양한 채소를 먹기 좋게 썰어두면 돼요. 이때 색의 조화를 생각하면 더욱 좋겠죠?

 **재료** 3인분

치즈 2장, 훈제 닭가슴살 100g, 삶은 달걀 2개, 아보카도 1개, 방울토마토 10개, 블랙 올리브 10개, 어린잎채소 1줌, 옥수수통조림 100g

드레싱
플레인 요거트 80g, 마요네즈 2큰술, 레몬즙 1큰술, 다진 양파 4큰술, 꿀 1~1.5큰술, 소금 2꼬집

깨알 꿀 TIP

- 드레싱에 들어가는 양파는 찬물에 10~20분간 담갔다가 사용하면 맵지 않아요.
- 완성된 콥샐러드 위에 파슬리를 살짝 뿌리면 보기에 너무 예뻐요.

영양사의

- 다양한 컬러푸드에는 암과 만성질환을 예방하는 파이토케미컬(phytochemical)이 들어있어, 활성산소 제거 및 암세포 성장 억제와 면역기능 향상에 도움이 돼요.

1. 치즈, 닭가슴살, 삶은 달걀, 아보카도, 방울토마토, 블랙 올리브를 잘게 썰어 준비합니다.
2. 깨끗이 씻은 어린잎채소는 체에 밭쳐 물기를 빼고, 옥수수통조림도 물기를 빼 준비합니다.
3. 분량의 드레싱 재료들을 모두 섞어 드레싱을 만듭니다. 준비한 재료를 그릇에 일렬로 예쁘게 담고 드레싱을 올리면 완성입니다.

두부새우카나페

애피타이저로 좋은 두부 새우카나페는 손님 초대요리로 적격이에요. 미리 준비해두었다가 손님이 오시면 차례차례 올려 나가면 되니, 특별한 날 간편하면서도 폼 나게 준비해보세요. 모양도 예쁘고 맛도 좋은 데다가 건강하기까지 해 더욱 인기 만점이랍니다.

재료 카나페 14개

두부 400g, 애호박 1/2개, 새싹채소 30g, 칵테일새우 14개, 식물성 오일 1~2큰술, 버터 1작은술

소스
간장 3큰술, 설탕 2큰술, 땅콩버터 1작은술, 발사믹식초 1작은술, 참기름 1작은술, 고추기름 1작은술

깨알 꿀 TIP
- 고추기름을 만드는 방법은 가이드를 참고하세요(P.12).

영양사의 Pick
- 식물성 단백질 식품인 두부는 소화가 잘돼서 환자나 어린이에게 좋은 식품이에요.

1. 두부는 세로로 반, 가로로 1cm 두께로 자르고, 애호박은 0.5cm 두께로 자릅니다.
2. 소스는 분량의 재료를 잘 섞어 만듭니다.
3. 프라이팬에 식물성오일을 약간 두르고 두부를 올려 굽습니다.
4. 애호박도 굽듯이 익힙니다.
5. 칵테일새우는 팬에 버터를 두르고 익힙니다.
6. 깨끗하게 씻은 새싹채소는 체에 밭쳐 물기를 제거합니다. 준비된 재료를 두부, 애호박, 새싹채소, 새우 순으로 올리고 소스를 뿌리면 완성입니다.

55

연어 카르파치오

'카르파치오(carpaccio)'는 익히지 않은 소고기를 얇게 썰어 소스를 뿌려 먹는 이탈리아 전통요리입니다. 본래는 소고기로 만들지만 요즘은 과일이나 채소, 생선 등 다양한 식재료로 만들고 있어요. 연어 카르파치오는 모양도 예쁘고 맛도 상큼해 애피타이저로 정말 좋은데요. 요리 특성상 미리 만들어 차갑게 먹으면 더욱 맛있답니다.

재료 3인분

훈제연어 250g, 어린잎채소 1줌, 레몬 1/2개, 양파 1/2개

소스
레몬즙 4큰술, 식초 4큰술, 올리브유 4큰술, 설탕 1큰술, 다진 양파 2큰술, 다진 토마토 2큰술, 채 썬 레몬껍질 1/3개 분량, 다진 바질 1작은술

깨알 꿀 TIP
- 레몬은 껍질도 사용하기 때문에 베이킹소다나 굵은 소금을 이용해서 깨끗이 씻어주세요.
- 양파는 채 썬 뒤 찬물에 담가두면 매운 맛이 사라져요.
- 완성된 연어 카르파치오는 냉장고에 넣어 차갑게 숙성한 뒤 상큼하게 드세요.

영양사의 Pick
- 연어에는 EPA, DHA를 포함한 오메가-3지방산이 풍부해 혈중 중성지방 및 지질의 수치와 혈압을 낮춰 심혈관 질환 예방에 좋아요. 항산화 성분을 다량 함유한 녹황색 채소와 함께 섭취하면 효과가 배가돼요.

1. 소스에 들어가는 양파와 토마토는 다지고, 레몬은 즙을 낸 뒤 남은 껍질은 채를 썰어 준비합니다.
2. 작은 볼에 분량의 소스 재료를 모두 넣고 골고루 섞어 소스를 만듭니다.
3. 샐러드용 레몬은 슬라이스하고, 양파는 채 썰고, 어린잎채소는 깨끗이 씻어 준비합니다.
4. 훈제연어를 준비합니다. 통으로 된 것을 구매했다면 냉동실에 살짝 얼린 뒤 얇게 슬라이스합니다.
5. 접시에 연어를 펴서 깔고 가운데에 양파와 어린잎채소, 레몬을 올리고, 미리 준비한 소스를 듬뿍 뿌리면 완성입니다.

SUPER FOOD

PART. 2
건강한 한 그릇 밥

톳조림밥
닭고기 우엉밥
두부 쌈장 소보로덮밥
김치 버섯밥
뿌리채소 영양밥
근대쌈밥과 참치쌈장
훈제오리 부추 달걀덮밥
아보카도 연어덮밥
연어 김치 구운주먹밥
팽이버섯 오므라이스
부추 닭가슴살덮밥
시금치 알리오올리오 볶음밥
닭 안심 브로콜리 카레밥
주꾸미 미나리볶음밥
새우 브로콜리덮밥
굴 크림리소토
매콤 문어 양배추볶음밥
뿌리채소 치즈카레

중화풍 닭고기 배추덮밥
갈릭 버터 쉬림프덮밥
병아리콩 짜장면
병아리콩국수
땅콩소스 비빔쌀국수
훈제오리 김치파스타
새우 버섯 간장파스타
부추 굴떡국
황태 미역 들깨떡국

톳조림밥

오독오독 씹히는 톳의 식감이 먹는 재미를 더하는 톳조림밥이에요. 톳조림 이외에도 다양한 재료가 듬뿍 들어있어서 반찬이 필요 없는 영양 가득 한 그릇 밥이랍니다. 톳조림을 미리 만들어두고 갓 지은 밥과 함께 섞으면 뚝딱! 어때요? 참 간단하죠.

재료 4인분

밥 4공기, 식물성오일 1큰술, 다진 돼지고기 200g, 불린 톳 200g, 당근 1/2개, 표고버섯 5개, 유부 5장, 달걀 3개

톳조림 양념
물 1컵, 다시마(4×4) 1개, 쯔유 2큰술, 맛술 2큰술, 간장 2.5큰술, 설탕 0.5큰술

돼지고기 밑간
맛술 1큰술, 간장 1큰술, 설탕 0.5큰술

달걀지단 밑간
설탕 1/2작은술, 소금 1/2작은술

깨알 꿀 TIP
- 밥은 고슬고슬하게 지어주세요.
- 톳조림 양념을 할 때, 물에 미리 다시마를 넣어두면 감칠맛이 살아나요.
- 염장 톳을 사용할 경우 물에 담가 짠맛을 충분히 빼주세요.

영양사의 Pick
- 해조류 중에서 특히 철분 함량이 높은 톳은 빈혈을 완화하는 데 효과적이며 섬유소가 풍부해 성인병 및 비만 예방에 도움이 돼요. 특히 돼지고기와 함께 조리하면 톳에 부족한 단백질을 보완할 수 있어요.

1. 톳은 깨끗하게 씻어 먹기 좋게 자르고, 당근과 표고버섯, 유부는 끓는 물에 살짝 데쳐 물기를 꼭 짠 뒤 채 썰어 준비합니다.
2. 다시마를 넣어 우린 물에 분량의 톳조림 양념을 넣고, 돼지고기는 양념을 넣어 밑간을 합니다.
3. 밑간한 돼지고기를 팬에 볶은 뒤 접시에 담아둡니다.
4. 팬에 식물성오일을 두르고 톳과 당근, 표고버섯, 유부를 넣고 볶다가 톳조림 양념과 볶은 돼지고기를 넣은 뒤, 양념이 없어질 때까지 졸입니다.
5. 고슬고슬한 밥에 졸인 톳조림을 넣고 잘 섞습니다.
6. 달걀을 풀어 밑간을 하고 지단을 부친 뒤, 가늘게 채 썰어 톳조림밥 위에 고명으로 올리면 완성입니다.

닭고기 우엉 밥

일본 가정식인 닭고기 우엉밥입니다. 볶은 우엉을 넣어 풍미가 가득한 고슬고슬한 밥에 부드러운 닭 안심이 들어있어 맛도 영양도 훌륭하답니다. 반찬이 고민인 날이라면, 만들기도 쉽고 맛도 좋은 한 그릇 요리인 닭고기 우엉밥을 추천할게요.

재료 3~4인분

쌀 2컵(200g), 물 2컵(쌀과 동량), 우엉 100g, 식물성오일 1큰술, 닭 안심 200g

닭고기 밑간
간장 2.5~3큰술, 쯔유 1큰술, 맛술 1큰술, 다진 마늘 1큰술

깨알 꿀 TIP

- 쌀은 미리 깨끗하게 씻어 30분 정도 물에 불려 준비하세요.
- 보통 밥 지을 때의 물량은 1:1.2 비율이지만, 닭고기 우엉밥은 쌀과 물의 비율을 1:1로 잡아 고슬고슬한 밥을 지으세요.
- 썰어놓은 우엉을 식초를 몇 방울 떨어뜨린 물에 담가 두면 갈변을 방지할 수 있어요.
- 닭고기의 잡내를 없애려면 20~30분 정도 우유에 재운 뒤 씻어서 조리하세요.
- 가지된장구이(p.172)와 팽이버섯 장아찌(p.154)와 함께 먹으면 더욱 좋아요.

영양사의 Pick

- 우엉은 당질의 일종인 이눌린(inulin)이 풍부해 당뇨에 도움이 되고, 신장 기능을 높여 이뇨작용에 효과가 있으며 혈압강하에도 좋아요.

1. 닭 안심은 먹기 좋은 크기로 썰고, 우엉도 채 썰어 준비합니다.
2. 닭 안심에 준비한 밑간 양념을 넣고 조물조물 섞어둡니다.
3. 팬에 식물성오일을 두르고 우엉을 볶다가, 밑간한 닭 안심을 넣고 함께 볶습니다.
4. 불린 쌀에 동량의 물을 붓고, 볶은 닭 안심과 우엉을 올려 밥을 지으면 완성입니다.

PART 2 · 건강한 한 그릇 밥

두부쌈장 소보로덮밥

고슬고슬한 두부가 밥 위에 마치 소보로처럼 덮인 덮밥이에요. 쌈장과 다진 돼지고기 그리고 두부를 함께 볶아 제육볶음 맛과 비슷하면서도 고소한 두부의 맛이 무척 매력적이지요. 한 번 먹으면 그 맛에 반해 숟가락을 멈출 수가 없는 두부 쌈장 소보로 덮밥으로 건강한 한 끼 챙기세요.

🍴 재료 2인분

밥 2공기, 두부 1모, 다진 돼지고기 200g, 다진 파 3큰술, 식물성오일 2큰술, 쌈장 1큰술

돼지고기 밑간
간장 0.3큰술, 설탕 0.3큰술, 맛술 0.3큰술, 참기름 0.3큰술, 마늘 0.5큰술

깨알 꿀 TIP

- 파기름을 내면 은은하게 퍼지는 파 향을 즐길 수 있어요.

영양사의 Pick

- 두부는 식물성 단백질이 풍부하며 불포화지방산을 많이 가지고 있어요. 또한 리놀산(linolic acid)을 함유하고 있어 콜레스테롤을 낮춰주기도 해요.

1. 두부는 면포를 이용해 물기를 꼭 짭니다.
2. 파는 다지고, 다진 돼지고기는 미리 밑간을 해둡니다.
3. 팬에 식물성오일을 두르고 다진 파를 볶아 파기름을 냅니다.
4. 파 향이 나기 시작하면 밑간한 돼지고기를 넣고 볶다가, 물기를 짠 두부를 넣어 함께 볶습니다.
5. 마지막으로 쌈장을 넣고 뭉치지 않게 잘 섞어 볶은 후, 고슬고슬한 밥 위에 올리면 완성입니다.

김치 버섯밥

묵은지는 어떻게 먹어도 맛있는 최고의 반찬이죠. 그 묵은지로 만든 별미 밥, 김치 버섯밥이에요. 소고기 대신 돼지고기를 넣어도 좋고, 김치를 씻어 따로 양념하면 더 깔끔하게 즐길 수 있답니다. 뜨거울 때 버터를 조금 넣어 비비면 또 다른 느낌의 김치 버섯밥을 느낄 수 있어요.

🍴 재료 3~4인분

쌀 2컵, 물 2컵, 묵은지 200g, 다진 소고기 150g, 느타리버섯+표고버섯 100g

김치 양념
설탕 1작은술, 들기름 1큰술

소고기양념
간장 1.5큰술, 설탕 0.5큰술, 다진 파 1큰술, 다진 마늘 0.3큰술, 참기름 1작은술, 후추 약간

양념장
간장 3큰술, 맛술 1큰술, 고춧가루 0.5큰술, 다진 마늘 0.5큰술, 다진 파 2큰술, 다진 고추 1큰술, 참기름 1큰술, 통깨 약간

깨알 꿀 TIP
- 쌀은 미리 깨끗하게 씻어 30분 정도 물에 불려 준비하세요.
- 보통 밥 지을 때의 물량은 1:1.2 비율이지만, 김치 버섯밥은 쌀과 물의 비율을 1:1로 잡아 고슬고슬한 밥을 지으세요.

영양사의 Pick
- 우리나라 대표 발효음식인 김치에는 비타민A와 C가 풍부하며 조리 후에도 비타민C 손실이 적어 감기 예방과 피부 미용에 도움이 돼요. 특히 발효가 되면서 발생하는 수많은 유산균 중 락토바실루스 플랜타룸(Lactobacillus plantarum) CJLP133은 아토피피부염에 효과가 있다는 연구결과가 발표되기도 했어요.

1. 김치는 물에 씻어 먹기 좋은 크기로 자르고 느타리버섯은 찢어서, 표고버섯은 채 썰어 준비합니다.
2. 김치와 소고기는 분량의 양념을 넣고 조물조물 무쳐 준비합니다.
3. 팬에 양념한 소고기와 표고버섯을 넣어 볶습니다.
4. 압력밥솥에 불린 쌀과 김치, 소고기와 표고버섯을 넣고 느타리버섯까지 올린 뒤, 쌀과 동량의 물을 넣고 밥을 짓습니다.
5. 밥을 하는 동안 분량의 재료를 넣어 양념장을 만들고 따뜻한 밥에 올리면 완성입니다.

뿌리채소 영양밥

무와 당근, 고구마, 연근 등 뿌리채소를 넣어 만든 뿌리채소 영양밥은 기대 이상의 맛을 선물해준 밥이랍니다. 밑간이 되어 있어 밥만 먹어도 좋고 뭔가 허전하다면 약간 심심한 반찬이나 양념장을 만들어 드시면 좋아요. 찹쌀과 쌀을 1:1로 넣고 만들어서 쫀득한 식감 때문에 계속 먹고 싶어져요.

재료 3~4인분

쌀 1컵, 찹쌀 1컵, 물 1.5컵, 다시마(5×5) 1장, 간장 3큰술, 맛술 2큰술, 연근 100g, 당근 100g, 무 100g, 고구마 100g

양념장
간장 2큰술, 고춧가루 0.5큰술, 다진 파 2큰술, 통깨 0.5큰술, 참기름 1큰술

깨알 꿀 TIP

- 취향에 따라 다양한 뿌리채소를 넣고 만들어도 되지만 고구마는 꼭 넣어주세요. 그래야 달콤함이 더해져 더욱 맛있어요.
- 쌀과 찹쌀은 미리 깨끗하게 씻어 30분 정도 물에 불려 준비하세요.
- 껍질을 벗긴 연근은 식초(2~3큰술)를 넣은 물에 10~20분 정도 담갔다 사용하면, 연근 특유의 떫은맛을 없앨 수 있어요.

영양사의 Pick

- 연근과 무의 하얀 부분에는 폴리페놀(polyphenol)이 함유되어 있는데, 폴리페놀은 다른 식품의 파이토케미컬에 비해 독성이 매우 적고 항암, 항염, 면역기능 조절 등의 효과가 있어요.

1

2

3

4

5

1. 껍질을 벗겨 준비한 연근은 4등분으로 자르고, 당근, 무, 고구마는 깍둑썰기합니다.
2. 물에 다시마를 넣고 30분 정도 우려낸 뒤에 간장과 맛술을 넣어 밥물을 만듭니다.
3. 미리 불려둔 쌀과 찹쌀을 밥솥에 넣고 밥물을 맞춥니다.
4. 그 위에 연근과 당근, 무, 고구마를 넣고 보통의 밥을 하듯 밥을 짓습니다.
5. 밥을 하는 동안 분량의 재료를 넣어 양념장을 만들고 따뜻한 밥에 올리면 완성입니다.

근대쌈밥과 참치쌈장

밥도둑 참치쌈장을 소개합니다. 어떤 쌈과 함께해도 맛있지만 그중에서도 근대를 살짝 데쳐 싸 먹으면 정말 별미예요. 도시락 메뉴로도 좋고, 입맛이 없을 때 식욕 돋우기에도 적격인 메뉴입니다. 짜지 않으니 참치쌈장을 가득 올려 드셔도 괜찮아요.

🍴 재료 4인분

밥 4공기, 근대 25~30장, 소금 약간

참치쌈장

참치통조림 1캔(210g), 물 1/3컵, 된장 1큰술, 쌈장 0.5큰술, 올리고당 1큰술, 다진 파 1큰술, 식물성오일 1큰술, 양파 1/2개, 애호박 1/4개, 당근 1/4개

깨알 꿀 TIP

- 쌈장 대신 동량의 고추장을 넣어도 좋고요. 매운 맛을 원한다면 고추를 다져 넣어도 좋아요.

영양사의 Pick

- 참치는 비타민B_6와 셀레늄의 함량이 높고 오메가-3 지방산이 풍부하여 혈중 중성지방 및 콜레스테롤 수치와 혈압을 낮추는 데 도움이 돼요.

1. 참치쌈장을 만듭니다. 먼저 양파와 애호박, 당근을 작게 다져 준비합니다.
2. 팬에 식물성오일을 두르고 다진 파를 넣어 파 향이 올라올 때까지 볶다가 다진 채소를 넣고 달달 볶습니다.
3. 기름을 뺀 참치통조림과 물, 된장, 쌈장, 올리고당을 넣고 물기가 없어질 때까지 졸이면 참치쌈장이 완성입니다.
4. 깨끗하게 씻은 근대는 줄기부분을 자르고, 끓는 물에 소금을 약간 넣은 뒤 10초 정도 살짝 데쳐 물기를 제거합니다.
5. 물기를 없앤 근대를 펴 밥과 참치쌈장을 넣고 돌돌 말아 감싸면 완성입니다.

훈제오리 부추 달걀덮밥

차가운 성질의 오리고기와 따뜻한 성질의 부추는 궁합이 아주 좋아요. 그래서 이 두 가지를 하나로 합쳐 든든한 한 그릇 요리를 만들었답니다. 과정이 쉽고 간단해 후다닥 만들 수 있지만 그 맛은 빨리 만들었다고 믿을 수 없을 정도로 정말 맛있어요.

🍴 재료 2인분

밥 2공기, 부추 100g, 훈제오리 160g, 양파 1/2개, 달걀 2개, 간장 1큰술, 쯔유 1큰술

1. 부추를 4~5cm로 길이로 썰고, 양파는 채 썰고, 훈제오리는 먹기 좋게 잘라 준비합니다.
2. 양파와 훈제오리를 팬에 넣고 먼저 볶아냅니다.
3. 양파의 숨이 죽으면 재료를 팬 가장지리로 밀어두고, 빈 공간에 달걀스크램블을 합니다.
4. 부추를 넣은 다음 모두 섞어 볶다가 재료를 팬의 가장자리로 밀어두고, 빈 공간에 간장과 쯔유를 넣어 살짝 태우듯 잠시 끓입니다.
5. 재료들이 간장과 쯔유와 섞이도록 골고루 섞은 다음 따뜻한 밥 위에 올리면 완성입니다.

깨알 꿀 TIP

- 훈제오리는 자체의 기름이 많아서 볶을 때 따로 기름을 두르지 않아도 돼요.

영양사의 Pick

- 오리고기는 소, 돼지고기보다 불포화지방산 함량이 높아 혈중 콜레스테롤을 낮추며 필수아미노산이 풍부해 기력회복에 아주 좋아요.

PART 2 · 건강한 한 그릇 밥

아보카도 연어덮밥

숲의 버터라 불리는 부드러운 아보카도와 연어는 그 어울림이 참 좋아요. 여기에 새콤달콤 아삭한 양파초절임과 와사비간장을 뿌리고, 어린잎채소와 달걀 반숙을 곁들이면 다른 반찬이 필요 없는 근사한 한 그릇 요리가 되지요.

재료 2인분

식은 밥 2공기, 슬라이스한 연어 8~9장, 아보카도 1개, 어린잎채소 2줌, 양파 2개

양파초절임 배합초
물 100g, 간장 100g, 식초 100g, 설탕 80g

와사비 간장
간장 2큰술, 생 와사비 0.5~1큰술

깨알 꿀 TIP
- 아보카도를 손질하는 방법은 가이드를 참고하세요(p.18).
- 뜨거운 밥을 사용하면 연어가 익을 수 있으니 적당히 식은 밥을 사용하세요.
- 와사비 간장은 미리 만들어두었다가 완성된 덮밥 위에 뿌려 드시면 돼요.

영양사의 Pick
- 아보카도는 다른 과일에 비해 필수지방산의 함량이 매우 높으며 미량영양소인 비타민K와 엽산이 하루 권장량을 충족시킬 만큼 풍부해요. 또한 아보카도에 풍부한 칼륨은 나트륨 배출에 효과적이에요.

1. 초절임 할 양파를 채 썰어 준비합니다.
2. 냄비에 배합초를 전부 넣고 끓어오르면 채 썬 양파를 넣은 뒤, 5초 뒤에 불을 끕니다.
3. 초절임에서 양파만 건져내 냉장고에 넣어 식힙니다.
4. 손질한 아보카도를 슬라이스해서 준비합니다.
5. 그릇에 밥을 넣고 위에 양파초절임과 아보카도, 연어를 올립니다. 마지막으로 어린잎채소와 와사비 간장을 뿌리면 완성입니다.

연어 김치 구운주먹밥

연어통조림과 김치를 활용해 만든 구운주먹밥을 소개할게요. 주먹밥을 불에 한번 구워 겉면은 노릇노릇 바삭하고, 안에는 고소한 연어와 김치, 치즈가 들어있어 아이들 입맛에도, 어른들 입맛에도 잘 맞는 주먹밥이랍니다.

재료 2인분

밥 2공기, 식물성오일 1큰술, 연어 통조림 1캔(100g), 마요네즈 2큰술, 씻은 김치 2줄, 모차렐라치즈 50g

주먹밥 간장소스
간장 3큰술, 맛술 2큰술, 올리고당 2큰술

깨알 꿀 TIP

- 손으로 주먹밥을 만들어도 되지만 랩을 이용하면 손에 밥알이 달라붙지 않아 깔끔하고 훨씬 위생적으로 만들 수 있어요.

영양사의 Pick

- 연어는 성장 촉진에 필요한 비타민B군이 풍부하여 피로회복 및 빈혈예방에 좋고, 셀레늄 및 오메가-3지방산이 풍부하여 심혈관 질환 예방에도 좋아요.

1. 양념을 씻어낸 김치는 물기를 꼭 짜서 다지고, 연어통조림은 기름을 뺀 다음 마요네즈를 넣고 버무려 준비합니다. 모차렐라치즈도 함께 준비합니다.
2. 팬에 주먹밥 간장소스를 모두 넣고 한번 끓여둡니다.
3. 작은 밥공기에 랩을 깔고 밥을 넣어 편 뒤, 김치와 연어, 치즈를 넣습니다.
4. 그대로 랩을 들어 올려 동그랗게 뭉치면서 주먹밥 모양을 만듭니다.
5. 팬에 식물성오일을 두르고 중약불로 주먹밥을 노릇노릇하게 굽습니다. 이때 간장소스를 3~4번 덧바르며 구우면 완성입니다.

팽이버섯 오므라이스

씹을수록 재미있는 식감의 쫄깃한 팽이버섯을 오므라이스에 넣으면 식감도 맛도 참 좋아요. 새콤달콤한 소스와 고소한 치즈, 달걀의 부드러움까지 더해져 무척 조화로운 마성의 오므라이스를 소개할게요. 한번 맛보면 여러분도 틀림없이 반할 거예요.

재료 2인분

밥 2공기, 연어통조림 1캔, 슬라이스치즈 2장, 올리브유 3~4큰술, 소금 약간, 브로콜리 1/4송이, 당근 1/4개, 양파 1/2개, 달걀 2개, 우유 2~3큰술

오므라이스소스
팽이버섯 1묶음, 돈가스소스 4큰술, 케첩 2큰술, 매실액 1큰술, 간장 1큰술, 물 5~6큰술

깨알 꿀 TIP

- 달걀에 우유를 조금 넣으면 훨씬 부드러워져요.
- 달걀지단을 부칠 때, 달아오른 팬에서 약불로 한 면만 익히고 바로 밥 위에 덮으면 더욱 촉촉하게 즐길 수 있어요.

영양사의 Pick

- 팽이버섯은 항산화 효과가 있는 셀레늄, 비타민B₁, B₂, 나이아신이 풍부하며 변비와 다이어트에 좋은 식이섬유가 다량 함유되어 있어요.

1. 브로콜리와 당근, 양파를 작게 썰어 준비합니다.
2. 연어통조림은 기름을 제거해 준비하고, 팽이버섯은 먹기 좋게 3등분합니다.
3. 냄비에 소스재료를 모두 넣고 중약불로 끓입니다. 팽이버섯의 숨이 죽으면 버섯 속 수분이 나와 소스가 묽어지기 때문에 농도에 따라 물을 가감합니다.
4. 팬에 올리브유를 두르고 미리 준비한 브로콜리, 당근, 양파와 연어를 넣어 볶습니다.
5. 채소가 어느 정도 익으면 밥을 넣어 볶다가 소금을 넣고 살짝 밑간을 합니다.
6. 볶은 밥 위에 슬라이스치즈를 올리고 달걀과 우유를 섞어 만든 지단을 덮은 뒤, 오므라이스소스를 부으면 완성입니다.

부추 닭가슴살덮밥

훈제 닭가슴살을 슬라이스하고, 부추를 양념해 올리기만 하면 완성되는 한 그릇 밥이에요. 짧은 시간에 뚝딱하고 만들 수 있어서 시간이 없거나 음식을 해 먹기 귀찮을 때 아주 제격이랍니다. 시간 대비 맛 또한 뛰어나니 지금 바로 만들어 보세요.

🍴 재료 2인분

밥 2공기, 훈제 닭가슴살 75g, 부추 80g, 양파 1/2개

부추무침 양념
간장 1.5큰술, 고춧가루 1.5큰술, 설탕 1큰술, 식초 1큰술, 다진 마늘 0.3큰술, 참기름 약간, 통깨 약간

깨알 꿀 TIP
- 달걀 프라이를 올려 먹으면 부추의 매콤한 맛이 더욱 부드럽게 느껴지니 함께 곁들여 보세요.

영양사의 Pick
- 부추는 비타민 A·B·C와 카로틴, 철 등이 풍부해서 혈액 순환을 원활하게 하고 소화기관을 튼튼하게 하는데요. 특히 위와 장의 기능을 강화시켜 몸이 찬 경우 도움이 되며 혈액순환 부전에 의해 발생되는 신경통이나 요통에도 효과가 있어요.

1. 부추는 깨끗하게 씻어 3~4cm 정도로 자르고, 양파는 채 썰어 찬물에 담가 매운맛을 빼 준비합니다.
2. 훈제 닭가슴살은 먹기 좋게 슬라이스합니다.
3. 부추와 양파를 볼에 담고 분량의 부추무침 양념을 넣어 버무립니다.
4. 그릇에 밥을 담고 그 위에 슬라이스한 닭가슴살과 양념한 부추를 올리면 완성입니다.

PART 2 · 건강한 한 그릇 밥

시금치 알리오올리오 볶음밥

시금치 알리오올리오 볶음밥은 면보다 밥을 챙겨주고 싶은 엄마의 마음이 더해져 탄생한 메뉴예요. 올리브오일에 노릇노릇하게 구워낸 풍미가득하고 짭조름한 마늘과 맛있는 새우가 들어있어서 어른 아이 모두 맛있게 즐기는 메뉴랍니다.

재료 2인분

밥 2공기, 시금치 80g, 새우 120g, 달걀 2개, 소금 약간, 올리브오일 4큰술, 마늘 4~5개, 파 1/4개

깨알 꿀 TIP

- 매콤한 맛을 원한다면 마늘을 볶을 때 페페론치노를 몇 개 넣고 함께 볶다가 건진 뒤 밥을 볶으면 매콤한 알리오올리오 볶음밥이 돼요.

영양사의 Pick

- 시금치에는 비타민A·B₆·C가 풍부하며 암을 저지하는 엽산과 엽록소가 다량 함유되어 있어 위암, 대장암, 폐암 등을 예방할 수 있어요. 항산화 식품인 마늘과 함께 조리하면 더욱 좋아요.

1. 파는 쫑쫑 썰고 마늘은 슬라이스해서 준비합니다.
2. 시금치는 먹기 좋은 크기로 썰고, 새우는 뜨거운 물에 살짝 데칩니다.
3. 팬에 올리브오일을 두르고 중약불에서 마늘이 노릇노릇해질 때까지 볶다가 파를 넣고 마늘·파기름을 냅니다. 이때 소금 한 꼬집을 넣어 마늘에 간이 배게 합니다.
4. 시금치와 새우를 넣고 볶으면서 다시 소금 한 꼬집을 넣습니다.
5. 시금치의 숨이 죽으면 밥을 넣고 볶다가 팬의 가장자리로 밀어두고, 빈 공간에 달걀 스크램블을 합니다.
6. 볶음밥과 달걀 스크램블을 섞고, 부족한 간을 소금으로 맞추면 완성입니다.

닭안심 브로콜리 카레밥

브로콜리와 카레는 저희 집에서 가장 인기가 없는 재료 중 하나인데요. 어떻게 하면 가족들이 좋아할까 고민하다가 브로콜리를 갈아 넣은 카레소스에 닭안심을 구워 스테이크처럼 만들었는데 모두 한 그릇 뚝딱 비워낸 메뉴랍니다. 진한 카레 소스와 부드러운 닭안심이 무척 잘 어울려요.

🍴 재료 5~6인분

밥 5~6공기, 닭안심 8개, 브로콜리 2/3송이, 소금 약간, 양파 1개, 올리브오일 1큰술, 고형카레 1/2개(100g), 물 750g

닭 안심 밑간
올리브유 2큰술, 소금·후추 약간

깨알 꿀 TIP

- 양파를 볶을 때는 약불로 충분히 볶아 갈색이 날 때까지 캐러멜라이즈하면 풍미가 살아나요.
- 물을 넣을 때 150g정도는 우유를 넣어도 좋아요. 우유를 넣으면 훨씬 부드러워진답니다(물 600g+우유 150g).
- 브로콜리 카레에 빵을 찍어먹어도 맛있고요. 달걀반숙을 올려 먹어도 맛있어요.

영양사의 Pick

- 브로콜리에 들어있는 설포라판(sulforaphane)에는 유황화합물이 들어있어 폐에 들러붙어 있는 유해물질을 제거해요. 또한 브로콜리에 풍부한 비타민C와 베타카로틴은 폐 세포 건강 및 면역력 증진에 도움을 준답니다.

1. 닭안심은 소금과 후추를 약간 뿌려 밑간을 하고 올리브유를 뿌려 30분 정도 재워 준비합니다.
2. 브로콜리는 흐르는 물에 깨끗하게 씻고, 소금을 약간 넣은 물에 데칩니다.
3. 양파는 채 썰어 올리브유를 두른 팬에 넣고 약불로 갈색이 날 때까지 충분히 볶습니다.
4. 양파가 골고루 잘 익으면 물을 붓고 끓입니다. 물이 끓어오르면 고형카레와 브로콜리를 넣습니다.
5. 카레가 적당히 끓으면 핸드 블렌더를 이용해 곱게 갈아 밥 위에 올립니다.
6. 마지막으로 재워둔 닭안심을 팬에 올려 노릇노릇하게 구운 뒤, 브로콜리 카레와 곁들이면 완성입니다.

주꾸미 미나리볶음밥

쫄깃한 주꾸미와 향긋한 미나리가 참 잘 어울리는 주꾸미 미나리볶음밥이에요. 첫 맛은 매콤하고 쫄깃한 주꾸미와 고소한 버터가, 마무리는 아삭하고 향긋한 미나리가 책임지고 있지요. 매운맛을 못 드시는 분들은 간장소스로 즐겨보세요. 같은 재료에 양념만 바꾸었을 뿐인데 전혀 새로운 맛이 난답니다.

재료 2인분

밥 2공기, 주꾸미 7~8마리, 마늘 6개, 미나리 1줌, 버터 1큰술

고추장 소스
고추장 1큰술, 간장 1.5큰술, 맛술 1큰술, 설탕 1큰술

간장 소스
간장 3큰술, 맛술 2큰술, 설탕 2큰술

깨알 꿀 TIP

- 취향에 따라 고추장 소스나 간장 소스를 넣어 만들어보세요.
- 주꾸미를 손질하는 방법은 가이드를 참고하세요(p.21).
- 밥을 다 볶은 후 맨 마지막에 버터 1작은술을 넣으면 더욱 고소해져요.
- 미나리 향이 너무 강해 부담스럽다면 소스를 넣을 때 함께 볶아 향을 날려주세요.

영양사의 Pick

- 주꾸미는 타우린(taurine)이 풍부해 피로회복에 도움이 되며 불포화 지방산을 다량 함유하고 있어서 혈중 콜레스테롤 수치 감소 효과가 있어요.

1. 손질한 주꾸미는 먹기 좋은 크기로 썰고, 마늘은 슬라이스, 미나리는 쫑쫑 썰어 준비합니다.
2. 팬에 버터를 두르고 슬라이스한 마늘을 노릇노릇하게 구워냅니다.
3. 주꾸미와 고추장 소스(혹은 간장 소스)를 넣고 볶습니다.
4. 밥을 넣고 볶다가 미나리를 넣고, 조금 더 볶으면 완성입니다.

새우브로콜리덮밥

편식하는 아이도 맛있게 먹을 수 있는 새우 브로콜리 덮밥을 소개합니다. 고소한 마늘 향에 탱글탱글한 새우가 가득 들어 있어 함께 넣은 브로콜리까지도 아주 맛있게 느껴지는 건강 덮밥이에요. 고슬고슬한 밥 위에 맛있는 새우와 브로콜리를 올리고 마요네즈를 지그재그로 뿌리면 비주얼도 취향저격이죠.

🍴 재료 2인분

밥 2공기, 냉동새우살 200g, 브로콜리 1/2송이, 소금 약간, 양파 1/4개, 마늘 2~3개, 올리브유 3큰술, 간장 2큰술, 맛술 2큰술, 올리고당 2큰술, 식초 0.5큰술, 달걀 2개, 마요네즈 약간

깨알 꿀 TIP

- 냉동새우살을 끓는 물에 살짝 데치면 조리하기도 쉽고 비린내도 제거할 수 있어요.
- 브로콜리는 흐르는 물에 깨끗하게 씻은 뒤, 소금을 약간 넣은 끓는 물에 살짝 데쳐 준비하세요.
- 마요네즈는 작은 위생비닐에 넣은 뒤 이쑤시개로 살짝 구멍을 내고 짜면 모양이 예쁘게 나온답니다.

영양사의 Pick

- 새우는 셀레늄, 칼슘, 비타민E가 풍부하여 항산화 작용 및 동맥 경화를 예방하는 것은 물론 면역력 증진에도 도움이 돼요.

1. 소금을 넣어 데친 브로콜리는 먹기 좋게 썰고, 마늘은 슬라이스하고, 양파도 채 썰어 준비합니다.
2. 팬에 올리브유를 두르고 마늘을 넣은 뒤 향이 올라올 때까지 볶다가, 채 썰어둔 양파를 넣고 볶습니다.
3. 손질한 브로콜리와 새우를 넣고 간장, 맛술, 올리고당, 식초를 넣어 볶은 뒤, 따뜻한 밥 위에 올립니다.
4. 마지막으로 달걀 스크램블을 만들어 덮밥 위에 올리고 마요네즈를 뿌리면 완성입니다.

굴크림리소토

향긋한 굴로 고소한 크림리소토를 만들면 굴의 감칠맛과 크림소스가 어우러져 아주 맛있어요. 여기에 해산물과 잘 어울리는 화이트와인을 한잔 곁들이면 분위기 낼 때에도 딱이에요. 오늘 분위기 한 번 잡아볼까요?

재료 2인분

굴 200g, 굵은 소금 약간, 쌀 1컵, 마늘 3~4개, 양파 1/2개, 브로콜리 1/3송이, 올리브오일 2큰술, 화이트와인 2큰술, 가루치킨스톡 2/3~1큰술, 물 1컵, 생크림 1컵, 우유 1/2~1컵, 소금 약간, 파마산치즈가루 약간

1. 마늘은 편으로 썰어 준비하고 양파도 작게 다집니다. 쌀은 30~40분 전에 미리 불려 준비합니다.
2. 브로콜리는 끓는 물에 소금을 약간 넣어 데치고, 굴은 굵은 소금을 물에 녹인 뒤, 살살 흔들어가며 씻습니다.
3. 팬에 올리브오일을 두르고 마늘과 양파를 넣어 양파의 색이 투명하게 변할 때까지 볶습니다.
4. 미리 불려둔 쌀을 넣고 쌀알이 투명해질 때까지 볶습니다.
5. 굴과 화이트와인을 넣고 살짝 볶습니다.
6. 가루치킨스톡을 물에 넣고 녹인 뒤 밥에 부어 약불로 쌀을 더 익힙니다.
7. 생크림과 데친 브로콜리를 넣고 저으며 익히다가 우유를 조금씩 넣어 농도를 조절합니다. 마지막에 소금으로 간을 맞추고 파마산치즈가루를 더하면 완성입니다.

깨알 꿀 TIP

- 화이트와인 대신 청주나 맛술을 사용해도 좋아요.
- 가루치킨스톡이 없다면 넣지 말고 물 대신 닭육수 1컵을 넣어주세요.
- 우유는 한 번에 다 넣지 말고 조금씩 넣으면서 농도를 조절하세요.
- 쌀을 볶아 만드는 것이 번거로우면 찬밥을 활용해서 만들어도 좋아요.

영양사의 Pick

- 영양가가 매우 높은 굴은 아연뿐만 아니라 철분, 구리, 칼슘도 풍부해 성장에 필수적인 영양소를 모두 가지고 있어요.

매콤 문어 양배추볶음밥

친정아버지 생신날 문어숙회를 먹고 남은 문어가 있어 우연히 만들게 된 매콤 문어 양배추볶음밥이에요. 혹시나 매운맛이 너무 자극적이지 않을까 싶어 달달한 양배추를 넣었더니 맛이 업그레이드되었어요. 문어 대신 다른 해산물을 넣고 볶아도 좋으니 한 번 만들어보세요.

🍴 재료 2인분

밥 2공기, 문어 150g, 양배추 150g, 마늘 4개, 파 1/4개, 식물성오일 2큰술, 고춧가루 1큰술, 굴소스 1큰술, 간장 1큰술, 스위트칠리소스 1큰술, 설탕 1작은술, 마요네즈와 가쓰오부시 약간

깨알 꿀 TIP

- 문어를 손질하는 방법은 가이드를 참고하세요(p.22).
- 마요네즈는 작은 위생비닐에 넣은 뒤 이쑤시개로 살짝 구멍을 내고 짜면 모양이 예쁘게 나온답니다.

영양사의 Pick

- 문어에 풍부한 타우린(taurine)은 간의 해독작용을 도와 피로 회복에 효과적이며, 양배추는 위궤양 개선에 도움을 주어 염증을 감소시키고 각종 암을 예방해요.

1. 마늘은 편으로, 파는 쫑쫑 썰고, 양배추는 얇게 채 썰어 준비합니다.
2. 손질해서 삶은 문어는 얇게 썰어둡니다.
3. 팬에 식물성오일을 두르고 마늘과 파를 넣고 볶아 마늘·파기름을 만듭니다.
4. 불을 중약불로 줄이고, 고춧가루를 넣어 고추기름을 만듭니다.
5. 채썬 양배추를 넣고 달달 볶습니다.
6. 밥을 넣고 골고루 잘 볶다가 문어를 넣어 섞습니다.
7. 간장, 굴소스, 스위트칠리소스, 설탕을 넣고 잘 섞습니다. 마무리로 마요네즈를 뿌리고 가쓰오부시를 올리면 완성입니다.

뿌리채소 치즈카레

저희 집은 저 외엔 카레를 좋아하지 않아 밥상에 자주 올리지 않는데, 치즈카레를 만들어주니 다들 잘 먹더라고요. 그래서 조금 더 건강한 메뉴로 발전시켜보았습니다. 바로 무와 연근 그리고 우엉과 같은 뿌리채소를 가득 넣은 치즈카레인데요. 의외의 조합이지만 무가 카레와 아주 잘 어울려 맛도 영양도 업그레이드 되었답니다.

재료 4~5인분

밥 4~5공기, 양파 100g, 무 100g, 연근 100g, 당근 80g, 우엉 80g, 닭안심 200g, 고형카레 4~5인분, 물 3컵, 올리브유 약간, 모차렐라 치즈 100g

깨알 꿀 TIP

- 카레가 3~4인 기준이라면 채소량을 20~30g씩 줄여주세요.
- 닭안심은 요리하기 20~30분 전에 우유에 재워두면 잡내를 제거할 수 있고, 육질도 연해져요.

영양사의

- 연근의 끈적거리는 점액에는 무틴(mutin)이라는 소화 효소가 있어 위 점막을 보호하는 효과가 있으며, 우엉의 리그닌(lignin)은 콜레스테롤을 몸 밖으로 배출시키는 역할을 해요.

1. 양파는 채 썰고, 당근과 연근, 무, 우엉은 먹기 좋은 크기로 작게 썰어 준비합니다.
2. 냄비에 올리브유를 두르고 양파를 넣어 노릇노릇해질 때까지 볶습니다.
3. 양파가 충분히 볶아졌다면 당근과 연근, 무, 우엉을 넣고 볶습니다. 타지 않도록 물을 조금씩 넣으면서 3~4분 정도 볶습니다.
4. 적당한 크기로 자른 닭안심을 넣고 겉면이 익을 때까지 볶습니다.
5. 닭고기의 겉면이 익으면 물을 붓고 카레를 푼 뒤, 재료를 충분히 익힙니다.
6. 그릇에 밥과 카레를 올리고 모차렐라치즈를 뿌린 뒤 전자레인지에 돌리면 완성입니다.

중화풍 닭고기 배추덮밥

칼칼하고 맛있는 양념과 배추와 숙주의 아삭아삭한 식감이 식욕을 돋우는 간단한 한 그릇 밥입니다. 베트남 고추와 마늘을 먼저 볶아서 맛있는 향을 냈더니 중화풍 느낌이 팍팍 나요. 맛있는 닭고기 배추덮밥으로 중국여행을 다녀올까요?

재료 2인분

밥 2공기, 닭가슴살 200g, 식용유 2큰술, 마늘 3~4개, 베트남 건고추 5~6개, 배추 7~8장, 숙주나물 100g, 간장 1큰술, 굴소스 1큰술, 올리고당 1큰술, 참기름 1큰술

닭가슴살 밑간
맛술 1큰술, 후춧가루 약간

깨알 꿀 TIP

- 닭가슴살이 싫으면 닭안심이나 닭다리살도 좋아요.

영양사의 Pick

- 배추의 구수한 맛을 내는 시스틴(cystine)은 아미노산의 일종으로 항산화 작용 및 해독작용을 하며, 특히 숙취 해소에 도움이 돼요. 닭고기와 함께 조리하면 배추에 부족한 필수아미노산을 보완할 수 있어요.

1. 숙주나물은 깨끗이 씻어 물기를 빼고, 배추는 도톰하게 썰어 준비합니다.
2. 마늘은 편으로 썰고, 닭가슴살은 도톰하게 썰어 맛술과 후춧가루를 넣어 재웁니다.
3. 팬에 식용유를 두르고 마늘과 베트남 건고추를 넣어 달달 볶아 향을 냅니다.
4. 닭가슴살을 넣고 익을 때까지 볶습니다.
5. 닭가슴살이 충분히 익으면 배추를 넣고 한 번 더 볶습니다.
6. 숙주나물을 넣은 뒤 간장, 굴소스, 올리고당을 넣어 볶다가 참기름을 넣고 따뜻한 밥 위에 올리면 완성입니다.

PART 2 · 건강한 한 그릇 밥

갈릭 버터 쉬림프덮밥

푸드 트럭의 인기 메뉴인 갈릭 버터 쉬림프를 직접 만들어 봐요. 과정이 어렵지 않아서 누구나 만들 수 있고, 뚝딱 만들었지만 비주얼이 근사해서 기분 내기에도 좋은 메뉴랍니다. 매콤한 할라페뇨 고추장아찌와 함께 드시면 더욱 맛있어요.

재료 2인분

밥 2공기, 냉동새우大 24~30개, 다진 양파 4큰술, 올리브유 1큰술, 꿀 1큰술, 레몬즙 1큰술

마늘버터
버터 2큰술, 다진 마늘 1.5큰술, 소금 2꼬집, 건파슬리와 건바질 약간

새우 밑간
소금 약간, 후춧가루 약간, 맛술(청주) 1큰술

1. 말랑한 버터에 다진 마늘과 소금, 건파슬리와 건바질을 섞어 마늘버터를 만들고, 양파는 잘게 다져 준비합니다.
2. 새우는 실온에서 녹인 뒤 소금과 후춧가루, 맛술을 넣고 재워둡니다.
3. 팬에 올리브유를 두르고 다진 양파를 넣은 뒤 달달 볶습니다.
4. 양파가 적당히 익으면 재워둔 새우를 넣습니다.
5. 미리 준비한 마늘버터를 넣고 볶습니다.
6. 마지막으로 꿀과 레몬즙을 넣고 조금 더 볶다가 따뜻한 밥 위에 올리면 완성입니다.

깨알 꿀 TIP

- 버터는 미리 상온에 꺼내놔야 부드럽게 녹아 재료들과 잘 섞여요.
- 매콤한 맛을 원한다면 양파 대신 페페론치니나 태국고추를 넣고 볶으면 돼요.

영양사의 Pick

- 마늘을 썰거나 다지면 마늘 속의 알린(Allin)이 알리신(Allicin)으로 바뀌게 되는데요. 이 알리신은 강력한 항균 및 살균 작용을 하여 유해균의 증식을 억제하는 효과가 있어요.

병아리콩짜장면

제 딸이 가장 좋아하는 볶은 춘장을 활용한 콩 짜장이에요. 시중에 파는 콩 짜장과 달리 병아리콩으로 만들어 고소함이 남다르답니다. 면과 함께 먹어도, 밥과 함께 먹어도 맛있는 짜장을 더욱 깊고 구수하게 만드는 비법을 소개할 테니 레시피를 주목하세요.

재료 3인분

칼국수면 3인분, 삶은 병아리콩 150g, 식물성오일 2큰술, 돼지고기(잡채용 혹은 다짐육) 150g, 다진 마늘 1큰술, 다진 생강 1작은술, 당근 1/3개, 양파소 1개, 애호박 1/3개, 물 450g, 볶은 춘장 2.5큰술, 된장 2작은술, 감자전분 1큰술, 전분용 물 2큰술

깨알 꿀 TIP

- 병아리콩 삶는 방법은 가이드를 참고하세요(p.16).
- 춘장을 볶는 방법은 가이드를 참고하세요(p.14).
- 감자전분과 물을 섞어 녹말물을 만들어 준비하세요.
- 기호에 따라 삶은 달걀이나 오이, 병아리콩 등을 올려 드세요.
- 칼국수면은 미리 삶아서 준비하세요.

영양사의 Pick

- 병아리콩은 밤과 비슷한 맛과 풍미가 있으며 칼슘의 함량이 높고 비타민C와 철분 또한 풍부하여 빈혈과 면역력 증진에 좋아요.

1. 당근과 양파, 애호박을 작게 깍둑썰기합니다.
2. 삶은 병아리콩은 칼로 듬성듬성 으깨거나 믹서에 갈아둡니다.
3. 팬에 식물성오일을 두르고, 다진 마늘과 생강을 넣고 볶다가 양파와 돼지고기를 넣어 볶습니다.
4. 당근과 애호박을 넣어 볶다가 간 병아리콩을 넣고 잘 섞습니다.
5. 볶은 춘장과 된장을 넣고 재료들이 어우러지도록 1~2분 정도 볶습니다.
6. 물을 넣고 잠시 끓이다가 감자전분과 물을 섞은 녹말물을 넣어 저으면서 걸쭉한 농도로 맞추고 익힌 칼국수면 위에 부으면 완성입니다.

병아리콩국수

이집트콩, 밤콩이라고 불리는 병아리콩은 구수한 맛이 일품인데요. 여기에 고소함의 대명사인 견과류와 깨를 넣어 콩국수를 만들었더니 이보다 더 고소한 콩국수는 없더라고요. 특히 콩국물은 바쁜 아침에 식사대용으로도 아주 좋답니다.

재료 2인분

삶은 병아리콩 2컵, 중면 2인분(150g), 우유 1컵, 물 3컵, 호두·아몬드·캐슈넛 40g, 깨 4큰술, 소금 2/3작은술, 설탕 2/3작은술, 얼음 약간

깨알 꿀 TIP

- 병아리콩 삶는 방법은 가이드를 참고하세요(p.16).
- 중면 대신 소면이나 우뭇가사리를, 우유 대신 두유를 넣어 만들어도 좋아요.
- 견과류는 취향에 따라 드시고 싶은 것을 넣으세요.
- 고명으로 삶은 달걀이나 오이, 토마토 등을 올려 드세요.

영양사의 Pick

- 단백질의 함량이 높은 병아리콩은 식이섬유도 풍부하고 포만감을 주어 체중조절에 도움이 돼요.

1. 마른 팬에 호두·아몬드·캐슈넛 등의 견과류와 깨를 넣어 볶습니다.
2. 삶은 병아리콩과 우유, 물, 볶은 견과류와 깨, 소금, 설탕을 넣고 믹서에 곱게 갈아줍니다.
3. 완성한 콩국물은 냉장고에 넣어 차갑게 보관합니다.
4. 중면을 삶아 찬물에 헹구고, 차가워진 콩국물과 얼음을 올리면 완성입니다.

땅콩소스 비빔쌀국수

땅콩잼의 유통기한이 얼마 남지 않아 걱정이라면 땅콩소스 비빔쌀국수를 만들어 보는 것은 어떨까요? 가장 맛있는 맛을 찾기 위해 소스를 조금씩 가감하며 만들었던 메뉴라 개인적으로 애착이 많이 가는 메뉴인데요. 자극적이지 않고 채소가 듬뿍 들어가 부모님이 별미라며 아주 좋아하셨어요.

🍴 재료 2인분

쌀국수(3mm) 180g, 당근 1/3개, 오이 1/2개, 양배추 3~4장, 냉동 칵테일새우 1컵, 다진 견과류 약간

땅콩소스
간장 4큰술, 땅콩잼 2큰술, 식초 3큰술, 꿀 1큰술, 올리브오일 2큰술, 다진 마늘 1큰술

깨알 꿀 TIP

- 집에서 직접 만든 땅콩잼을 사용할 때는 단맛을 위해 꿀을 조금 넣어주세요.
- 취향에 따라 와사비를 약간 넣어 깔끔하게 즐기는 것도 좋아요.

영양사의 Pick

- 땅콩에는 식물성 단백질이 포함되어 있으며 지방과 식이섬유로 포만감을 쉽게 느낄 수 있어요. 또한 땅콩을 즐겨 섭취하면 심혈관 질환 예방에도 좋아요.

1. 땅콩소스를 만듭니다. 분량의 땅콩소스 재료를 모두 믹서에 넣고 갈아줍니다.
2. 당근과 오이, 양배추를 얇게 채 썹니다. 이때 오이는 돌려 깎아 껍질만 사용합니다.
3. 냉동 칵테일새우는 끓는 물에 넣어 1분 정도 익힙니다.
4. 끓는 물에 쌀국수를 넣어 3분 정도 삶아 찬물에 헹군 뒤 물기를 제거합니다.
5. 큰 볼에 쌀국수와 채소, 칵테일새우, 땅콩소스, 다진 견과류를 넣고 잘 버무리면 완성입니다.

훈제오리 김치파스타

'김치로 파스타를 한다고?'라며 의아해 하시는 분들도 계시겠지만 한번 맛을 보면 파스타를 좋아하지 않는 사람들도 맛있게 즐길 수 있는 파스타예요. 김치의 칼칼함 때문에 느끼하지 않고 깔끔하게 즐길 수 있답니다. 아주 친숙한 맛이니 부담 없이 만들어보세요.

재료 2인분

김치 60g, 굴소스 2/3큰술, 고추장 2/3큰술, 케첩 1.5큰술, 훈제오리 160g, 마늘 4~5개, 올리브유 4큰술, 파스타면 200g, 물 2L, 소금 20g, 파마산치즈가루 약간

깨알 꿀 TIP

- 파스타면의 1인분은 면을 모았을 때 그 단면이 500원짜리 동전과 같은 크기면 돼요.
- 소금과 파스타면, 물의 비율은 1:10:100으로 잡아주세요. 즉, 면이 200g이라면 물은 2L, 소금은 20g을 준비하세요.
- 부드러운 면을 원한다면 8~9분 정도 삶아주세요.

영양사의 Pick

- 필수아미노산이 풍부한 오리고기는 기력회복에 도움이 되며 피부건강에 좋고, 불포화지방산을 다량 함유하고 있어 혈중 콜레스테롤 수치를 낮추는데 도움이 돼요.

1. 훈제오리는 기름기 있는 부위를 제거한 다음 먹기 좋은 크기로 썰고, 김치도 훈제오리와 비슷한 크기로, 마늘은 편으로 썰어 준비합니다.
2. 팬에 올리브유와 마늘을 넣어 노릇노릇해질 때까지 볶아 마늘 향을 냅니다.
3. 마늘이 익으면 훈제오리와 김치를 넣고 달달 볶습니다.
4. 굴소스와 고추장, 케첩을 넣고 골고루 잘 섞이도록 볶습니다.
5. 물에 소금을 넣어 끓이다가 물이 끓으면 파스타면을 넣고 7~8분 정도 삶습니다.
6. 잘 익은 파스타면을 건져 미리 준비한 소스에 넣고 볶은 뒤, 접시에 담아 파마산치즈가루를 뿌리면 완성입니다.

새우 버섯 간장파스타

재료도 간단하고 과정은 더 간단하지만 그 맛은 아주 특별한 파스타예요. 간장베이스로 만들기 때문에 따로 재료를 사지 않아도 된다는 점이 마음에 들어요. 후다닥 만들었지만 폼 나는 새우 버섯 간장파스타를 소개할게요.

재료 2~3인분

느타리버섯+팽이버섯 100g, 양파 1/2개, 냉동새우 1컵, 파스타면 200g, 물 2L, 소금 20g, 버터 1큰술, 잘게 썬 대파 2큰술, 간장 1큰술, 쯔유 1큰술, 굴소스 1큰술

깨알 꿀 TIP

- 쯔유가 없다면 간장 2큰술로 대체 가능해요.
- 파스타면의 1인분은 면을 모았을 때 그 단면이 500원짜리 동전과 같은 크기면 돼요.
- 소금과 파스타면, 물의 비율은 1:10:100으로 잡아주세요. 즉, 면이 200g이라면 물은 2L, 소금은 20g을 준비하세요.
- 부드러운 면을 원한다면 8~9분 정도 삶아주세요.

영양사의 Pick

- 버섯류는 칼로리가 낮고 식이섬유가 풍부해 배변활동 및 정장작용에 도움을 줘요. 또한 섬유소는 콜레스테롤과 중성지방의 체내 흡수를 방해하여 혈압을 낮추는 효과가 있어요.

1. 느타리버섯은 찢고 팽이버섯은 밑동을 자릅니다. 양파는 채 썰고 냉동새우는 씻은 뒤 물기를 빼 준비합니다.
2. 물에 소금을 넣어 끓이다가 물이 끓으면 파스타면을 넣고 7~8분 정도 삶아 물기를 제거합니다.
3. 팬에 버터를 녹인 뒤 대파를 넣고 볶아 대파 향을 냅니다.
4. 채 썬 양파를 넣고 볶다가 새우를 넣고 골고루 볶습니다.
5. 삶은 파스타면과 버섯을 넣은 뒤, 간장과 쯔유, 굴소스를 넣고 잘 섞어 그릇에 담으면 완성입니다.

PART 2 · 건강한 한 그릇 밥

부추 굴떡국

굴을 넣어 시원한 국물이 특징인 부추 굴떡국이에요. 쫄깃한 떡을 넣어 한 끼 식사로도 충분하답니다. 굴이 제철인 시기에 끓여 드시면 속이 확 풀리는 것 같은 느낌에 해장용으로도 으뜸이라지요.

재료 2인분

다시마 육수 5컵, 떡국 떡 300g, 굴 100g, 굵은 소금 약간, 부추 80g, 다진 파 약간, 멸치액젓(까나리액젓) 약간

깨알 꿀

- 다시마 육수를 만드는 방법은 가이드를 참고하세요(p.10).
- 떡국 떡이 너무 딱딱하다면 물에 담가 불려주세요.
- 취향에 따라 김가루나 달걀지단, 다진 고추 등을 올려 다양하게 즐기세요.

영양사의 Pick

- 부추는 각종 비타민과 무기질이 풍부해서 혈액 순환을 원활하게 하고 소화기관을 튼튼하게 해요. 또한 굴은 면역력 증진과 빈혈 예방에 도움이 돼요.

1. 부추는 4cm 정도로 썰고, 굴은 굵은 소금을 녹인 물에 살살 흔들어가며 씻습니다.
2. 다시마 육수를 냄비에 붓고 끓이다가 불린 떡국 떡을 넣고 익힙니다.
3. 떡이 익으면 굴과 부추를 넣고 끓이다가 다진 파를 넣고 멸치액젓으로 간을 맞추면 완성입니다.

황태 미역 들깨떡국

결혼하기 전에 엄마와 찜질방을 가면 항상 옹심이를 넣은 들깨미역국을 먹었었어요. 가끔 그 맛이 생각나 들깨미역국을 끓일 때면 옹심이를 빚어 넣는데 옹심이 빚기가 은근히 번거롭더라고요. 그래서 옹심이 대신 떡국 떡을 넣어 만들었답니다. 쌀쌀한 날씨에 아침식사로 딱 좋은 든든한 메뉴예요.

재료 2인분

떡국 떡 300g, 황태채 1/2줌, 불린 미역 1컵, 멸치다시마 육수 5컵, 들기름 1큰술, 다진 마늘 0.5큰술, 멸치액젓 1큰술, 국간장 1~2큰술, 들깨가루 3~4큰술

깨알 꿀 TIP

- 멸치다시마 육수를 만드는 방법은 가이드를 참고하세요(p.10).

영양사의 Pick

- 황태는 타우린(taurine)이 풍부해 숙취해소와 간 해독, 노폐물 제거에 효과가 있고, 미역은 혈액순환에 도움이 되는 비타민K와 칼륨이 풍부해 중금속이 체내에 축적되는 것을 막아줘요.

1. 불린 미역은 물기를 꼭 짜서 3~4cm 크기로 자르고, 황태채도 흐르는 물에 가볍게 씻어 미역과 같은 크기로 자릅니다.
2. 떡국 떡은 물에 담가 불립니다.
3. 냄비에 들기름과 다진 마늘을 넣어 볶다가 미역과 황태채를 넣고 달달 볶습니다.
4. 멸치다시마 육수를 붓고 10분 정도 팔팔 끓입니다.
5. 불린 떡국 떡을 넣고 끓이다가 떡이 떠오르면 멸치액젓과 국간장으로 간을 맞추고, 들깨가루를 넣으면 완성입니다.

SUPER FOOD

PART. 3
건강한 국 & 찌개

굴 배추 된장국
콩가루 들깨 시래깃국
고등어추어탕
주꾸미 닭볶음탕
두부 버섯 들깨탕
묵은지 검은콩탕
부추 닭곰탕
굴 순두부 달걀탕
바지락 순두부찌개
소고기 가지찌개
대하찌개
꼬막 된장찌개
애호박찌개
불고기 버섯전골
두부 견과 강된장
토마토 가지냉국

PART 3 · 건강한 국&찌개

굴배추된장국

날씨가 추워질수록 더 달고 맛있어지는 재료, 굴과 배추로 끓인 시원함의 끝판왕 굴 배추 된장국을 소개할 게요. 된장을 풀고 굴을 더해 끓인 국이라 굴 향이 싫으신 분들도 거부감 없이 드실 수 있어요. 굴이나 배추처럼 겨울에 더욱 맛있어지고 영양가가 높아지는 재료들로 요리할 때면 새삼 재료들에 대한 고마운 마음이 생기곤 해요.

재료 3~4인분

멸치다시마 육수 7컵, 배추 300g, 굴 200g, 된장 2큰술, 멸치액젓(소금) 1~2큰술, 다진 마늘 0.5큰술, 파 1줌, 홍고추 1~2개

깨알 꿀 TIP

- 멸치다시마 육수를 내는 방법은 가이드를 참고하세요(p.10).
- 된장을 너무 진하게 풀면 개운하고 시원한 맛이 떨어져요. 된장은 옅게 풀고 소금과 간장으로 간을 맞춰주세요.

영양사의 Pick

- 아연이 풍부한 굴과 발효식품의 대표주자인 된장은 면역력을 UP 시켜주는 식품이에요. 이러한 식품을 자주 섭취하면 질병에 대한 저항력을 높일 수 있어요.

1. 배추는 깨끗하게 씻어 듬성듬성 썰고, 굴은 분량 외의 소금물에 흔들어가며 씻어 물기를 빼고 준비합니다.
2. 파와 홍고추는 쫑쫑 썰어 준비합니다.
3. 미리 준비한 육수를 냄비에 넣고, 된장을 체에 밭쳐 곱게 풀어줍니다.
4. 육수가 끓기 시작하면 배추와 다진 마늘을 넣고 배추가 충분히 익을 때까지 푹 끓입니다.
5. 굴과 파, 홍고추를 넣고 한소끔 끓이다가 멸치액젓을 더해 부족한 간을 맞추면 완성입니다.

PART 3 • 건강한 국&찌개

콩가루 들깨 시래깃국

통 들깨를 갈아 넣고 끓인 시래깃국은 구수하고 부드러운 맛이 매력적인데요. 날콩가루를 더하면 맛이 더욱 부드럽고 고소하답니다. 비가 내리는 날이면 더욱 생각나는 콩가루 들깨 시래깃국은 특히 아침 식사로 먹으면 하루가 든든해요.

재료 4인분

쌀뜨물 5컵, 시래기 180g, 된장 2큰술, 들기름 1큰술, 통 들깨 60~70g, 물 1컵, 국간장(소금) 약간, 날콩가루 2큰술

깨알 꿀

- 통 들깨가 아닌 들깨가루를 사용한다면 쌀뜨물은 6컵을 넣고 마무리 단계에서 들깨가루를 풀어주세요.
- 부족한 간은 국간장이나 소금으로 하세요. 단, 약간 싱거워야 고소함을 제대로 느낄 수 있답니다.

영양사의 Pick

- 식물성 오메가-3 지방산이 풍부한 들깨는 염증과 혈액 응고를 억제하는 역할을 하기 때문에 심혈관 질환의 발병률을 낮출 수 있어요.

1. 쌀뜨물을 준비합니다.
2. 시래기는 푹 삶은 뒤 먹기 좋은 크기로 잘라 된장과 들기름을 넣고 무칩니다.
3. 믹서에 통 들깨와 물을 넣고 갈아준 뒤 체에 걸러 들깨즙을 만듭니다.
4. 냄비에 무친 시래기를 넣고 달달 볶습니다.
5. 쌀뜨물과 들깨즙을 넣고 한소끔 끓이다가 국간장으로 간을 맞춘 뒤 날콩가루를 넣어 풀어주면 완성입니다.

고등어추어탕

몸이 으슬으슬한 날엔 추어탕만 한 게 없죠. 저는 종종 고등어통조림이나 꽁치통조림을 이용해서 간단하게 끓여먹곤 하는데요. 쉽고 간단하면서도 사먹는 맛 못지않아 아주 좋더라고요. 한 그릇 먹고 나면 몸보신하는 기분이 드는 든든한 고등어추어탕이랍니다.

재료 7~8인분

고등어통조림 1캔(400g), 쌀뜨물 9컵, 삶은 시래기 250g, 부추 80g, 표고버섯 4~5개, 청양고추 2개, 다진 파 2줌, 후춧가루 약간, 액젓 2~3큰술

시래기 밑간
된장 2.5큰술, 고추장 0.5큰술, 고춧가루 2~3큰술, 다진 마늘 1.5큰술, 맛술 3큰술

깨알 꿀 TIP
- 부추 대신 깻잎을, 액젓 대신 국간장을 넣어도 좋아요.
- 기호에 따라 제피가루를 넣어 취향껏 즐기세요.

영양사의 Pick
- 고등어에는 동맥경화나 혈관의 혈전 생성을 막는 EPA와 뇌의 활동을 돕고 치매를 예방하는 DHA와 같은 오메가-3지방산이 풍부해요. 건강한 식생활을 원한다면 주 2회 정도 생선을 섭취하는 것이 좋아요.

1. 고등어통조림을 믹서에 넣고 곱게 갈아 준비합니다.
2. 삶은 시래기에 분량의 밑간 재료를 넣고 간이 배도록 조물조물 무칩니다.
3. 부추는 4cm 정도로 자르고 표고버섯과 청양고추도 썰어 준비합니다.
4. 냄비에 쌀뜨물을 넣고 끓어오르면 곱게 간 고등어통조림과 양념한 시래기를 넣은 뒤 푹 끓입니다.
5. 마지막으로 부추, 표고버섯, 청양고추, 파, 후춧가루를 넣고 액젓으로 부족한 간을 맞추면 완성입니다.

주꾸미 닭볶음탕

저의 블로그에서 가장 사랑받았던 레시피 중 하나가 바로 닭볶음탕이었어요. 많은 분들이 따라 해보시고 맛있었다고 댓글을 달아주셨기에 개인적으로 애정하는 레시피랍니다. 기존의 레시피에 주꾸미를 넣어 조금 더 업그레이드 해보았어요. 맛있는 양념이 밴 닭고기를 먹는 것도 좋지만 쫄깃한 주꾸미를 먹는 재미도 쏠쏠하답니다.

🍴 재료 3~4인분

닭볶음탕용 닭고기 900g, 잡내 제거용 물 1/2컵, 우유 1컵, 데친 주꾸미 200g, 양파 1개, 감자 2개, 당근 1/2개, 어슷 썬 대파 1줌, 물 3.5컵

양념장
양파 1/2개, 고추장 4큰술, 간장 7큰술, 물엿 4큰술, 고춧가루 2큰술, 맛술 2큰술, 다진 마늘 1큰술, 생강즙 1작은술, 후춧가루 약간

깨알 꿀 TIP

- 닭고기는 요리하기 30~40분 전 미리 우유에 재워 놓으면 잡내도 제거되고 살도 부드러워져요.
- 주꾸미를 손질하는 방법은 가이드를 참고하세요(p.21).
- 깻잎을 넉넉히 올려 먹으면 향은 물론 맛도 더 좋아요.
- 양념장을 미리 섞어 숙성시켜두면 더욱 맛이 깊어져요.

영양사의 Pick

- 주꾸미에 풍부한 타우린(taurine)은 봄철 피로감, 졸음, 식욕부진 등의 증세를 동반하는 춘곤증 예방에 효과가 있어요.

1. 주꾸미는 손질하고, 양파와 감자, 당근은 깍둑썰기해서 준비합니다.
2. 닭고기는 잡내 제거용 물과 우유를 섞어 재워둡니다.
3. 재워두었던 닭고기를 깨끗하게 씻은 뒤 뜨거운 물에 1~2분 정도 데치고, 체에 받쳐 물기를 제거합니다.
4. 볼에 분량의 양념장 재료를 넣고 섞습니다. 이때 양파는 갈아서 넣습니다.
5. 냄비에 물과 닭고기, 그리고 양념장을 넣고 끓이다가 양념이 반으로 졸아들면 양파와 감자, 당근을 넣습니다.
6. 감자가 어느 정도 익고 양념이 거의 졸아들면 주꾸미와 어슷썰기한 대파를 넣어 끓이면 완성입니다.

두부 버섯 들깨탕

버섯 들깨탕은 고기를 못 드시는 스님들이 보양식으로 드신다고 해요. 산에서 나는 고기라는 버섯과 고소한 들깨를 함께 넣으니 맛이 없을 수가 없겠죠? 저는 더욱 고소하라고 두부를 갈아 넣었는데요. 국물은 더욱 진해지고 맛은 2배로 고소해졌답니다.

재료 4인분

멸치다시마 육수 5컵, 된장 1큰술, 두부 1모, 쌀가루 2큰술, 버섯(느타리버섯, 팽이버섯, 표고버섯, 새송이버섯) 300g, 어슷썰기한 파 1줌, 들깨가루 4~5큰술, 국간장(소금) 약간

깨알 꿀 TIP

- 멸치다시마 육수를 내는 법은 가이드를 참고하세요(p.10).
- 쌀가루 대신 찹쌀가루를 사용한다면 반드시 물에 풀어서 넣어주세요.
- 버섯은 다양하게 넣으면 좋지만 그중에서도 표고버섯은 꼭 넣어주세요. 감칠맛이 살아난답니다.

영양사의 Pick

- 식물성 단백질이 풍부한 두부에서 부족한 필수 지방산을 들깨로 보완할 수 있기 때문에 식재료의 궁합이 매우 좋아요.

1. 느타리버섯과 팽이버섯은 작게 찢고, 표고버섯과 새송이버섯은 먹기 좋은 크기로 썰어 준비합니다.
2. 냄비에 멸치다시마 육수와 두부를 넣고 핸드 블렌더(믹서)를 이용해 갈아 걸쭉한 국물을 만듭니다.
3. 불을 켜고 간 두부 국물을 저으면서 끓이다가 된장을 넣어 풀어줍니다.
4. 손질해둔 버섯을 넣어 한소끔 끓입니다.
5. 들깨가루와 쌀가루(물에 갠 찹쌀가루)를 넣고 덩어리지지 않도록 빠르게 저으며 끓입니다.
6. 어슷썰기한 파를 넣고 부족한 간은 국간장으로 맞추면 완성입니다.

PART 3 · 건강한 국&찌개

묵은지 검은콩탕

묵은지 검은콩탕은 친정 엄마가 자주 끓여주시던 메뉴예요. 고소한 콩을 듬뿍 갈아 넣어서 영양은 물론 고소함까지 최고랍니다. 걸쭉한 콩탕을 밥 위에 가득 올려 푹푹 떠먹으면 밥 한 그릇 비우는 건 순식간이에요.

재료 3~4인분

검은콩 1컵, 묵은지 1컵, 들기름 2큰술, 멸치다시마 육수 4.5컵, 다진 마늘 0.5큰술, 다진 돼지고기 200g, 표고버섯 3~4개, 쫑쫑 썬 파 1줌, 새우젓이나 멸치액젓 1~2큰술

깨알 꿀 TIP

- 멸치다시마 육수를 내는 방법은 가이드를 참고하세요(p.10).
- 취향에 따라 매콤한 고추를 쫑쫑 썰어 넣어도 좋아요.
- 다진 돼지고기 대신 찌개용 돼지고기를 넣어도 좋아요.
- 검은콩은 깨끗하게 씻은 뒤 반나절 이상 물에 불려주세요.

영양사의 Pick

- 검은콩의 안토시아닌(anthocyanin)은 강력한 항산화 작용으로 세포 손상을 방지하며 노화방지와 시력 보호에 탁월한 효능을 가지고 있어요. 또한 두뇌 활동을 촉진하고 골다공증 예방에 도움이 돼요.

1. 미리 불려둔 콩과 멸치다시마 육수 1컵을 믹서에 넣고 갈아줍니다.
2. 묵은지는 잘게 썰고, 표고버섯은 슬라이스해 준비합니다.
3. 팬에 들기름을 두르고 묵은지와 돼지고기, 다진 마늘을 넣고 볶습니다.
4. 돼지고기가 익으면 나머지 멸치다시마 육수를 부어줍니다.
5. 갈아 놓은 콩물을 넣고 뚜껑을 덮어, 콩이 푹 익을 수 있도록 10~15분 정도 끓입니다.
6. 표고버섯과 파를 넣고 한 번 더 끓이고 새우젓이나 멸치액젓으로 간을 맞추면 완성입니다.

부추 닭곰탕

PART 3 • 건강한 국&찌개

깔끔하면서도 진한 국물이 매력적인 부추 닭곰탕 한 그릇은 여느 보약 부럽지 않아요. 닭고기를 발라내야 하는 수고로움은 먹는 순간 잊게 되는데요. 잘 익은 감자를 넣어 곁들여 드시는 것도 별미이고, 부추와 닭고기 살을 겨자간장에 콕콕 찍어 드시는 것 또한 일품이랍니다.

🍴 재료 3~4인분

닭 1마리(650g), 부추 100g, 감자 3개, 대파 1개, 양파 1/2개, 통후추 8~10알, 마늘 5~6개, 물 1.5L, 소금 약간

겨자간장
간장 1큰술, 설탕 0.5큰술, 식초 0.5큰술, 겨자 약간

1. 깨끗하게 손질한 닭은 뜨거운 물에 한번 데치고 물기를 빼서 준비합니다.
2. 감자는 껍질을 벗겨 반으로 썰고, 부추도 적당한 크기로 썰어 준비합니다.
3. 냄비에 물을 넣고 손질한 닭고기와 양파, 대파, 마늘, 통후추를 넣은 뒤 약 30분간 삶습니다.
4. 잘 익은 닭고기는 건져내 살만 발라, 먹기 좋은 크기로 찢습니다.
5. 닭 국물은 면포에 걸러 기름을 제거합니다.
6. 냄비에 닭 국물과 감자를 넣고 삶습니다.
7. 감자가 익으면 닭고기를 넣고 1~2분 정도 더 끓이다가 소금으로 간을 맞춥니다. 뜨거울 때 그릇에 담아 부추를 올린 뒤 겨자간장과 곁들이면 완성입니다.

깨알 꿀 TIP

- 닭을 손질하는 방법은 가이드를 참고하세요(p.23).
- 닭 국물을 거를 때는 체를 이용해도 좋지만 면포를 이용하면 더 깔끔하게 거를 수 있어요.
- 취향에 따라 마지막에 후춧가루와 피를 곁들여주세요.

영양사의

- 비타민A와 C가 풍부한 부추는 노화의 주범인 활성산소를 없애고 혈액 순환을 원활하게 해주는 식품이에요.

PART 3 • 건강한 국&찌개

굴 순두부 달걀탕

굴이 많이 나오는 철이 되면 순두부와 함께 부드러운 달걀탕을 해먹곤 하는데요. 부드러운 달걀에 굴 향이 더해져 아침 식사로 먹기에 부담이 없어요. 후다닥 만들 수 있는 레시피라 바쁜 아침에는 이만한 것이 없죠.

재료 2인분

달걀 3개, 굴 8~10개, 순두부 150g, 소금 1작은술, 액젓 약간, 다시마(4×4) 1장, 물 1컵, 대파 2큰술

1. 굴은 분량 외의 소금물에 넣어 살살 흔들어 씻고 물기를 제거합니다.
2. 달걀은 소금을 넣어 풀고, 순두부와 깨끗이 씻은 굴을 준비합니다.
3. 냄비에 불과 다시마를 넣고 끓이다가 물이 끓어오르면 1분 후 다시마를 건집니다.
4. 달걀을 넣습니다. 이때 젓가락을 이용해 20~30초간 빠른 속도로 저으면 달걀이 잘 퍼집니다.
5. 순두부와 대파, 굴을 넣고 1분 정도 센불에서 끓입니다.
6. 뚜껑을 덮고 약불로 2분 정도 더 끓여낸 뒤 액젓으로 간을 맞추면 완성입니다.

깨알 꿀 TIP

- 액젓은 기호에 따라 조절하세요.
- 다시마는 미리 찬물에 담가두면 감칠맛이 더 잘 우러나요.

영양사의 Pick

- 굴은 글리코겐이 풍부해지는 겨울의 대표 보양식으로, 타우린(taurine)이 많아 뇌의 기능을 활성화하는데 도움을 줘요. 또한 철분, 아연, 구리, 칼슘 등의 무기질과 비타민이 아주 풍부한 식품이랍니다.

바지락 순두부찌개

부들부들한 순두부와 시원한 국물 맛을 내는 바지락이 만나면 밥도둑인 바지락 순두부찌개가 만들어지는데요. 칼칼하면서도 시원한 감칠맛이 살아있는 레시피를 소개합니다. 식당에서 파는 찌개가 부럽지 않은 맛이에요.

재료 3인분

바지락 200g, 다진 돼지고기 100g, 순두부 1봉(330g), 멸치다시마 육수 3컵, 김치 2줄, 양파 1/2개, 느타리버섯 1줌, 잘게 썬 파 1줌, 굴소스 1큰술, 맛술 2큰술, 멸치액젓 2~3큰술

고추기름
식물성오일 2큰술, 고춧가루 2큰술, 다진 마늘 2/3큰술, 생강즙 1작은술, 잘게 다진 파 1큰술

깨알 꿀 TIP
- 생강즙 대신 다진 생강을 넣어도 좋아요.
- 마지막에 달걀 하나를 톡 깨서 넣고 그대로 끓여 익히면 더욱 맛있어요. 기호에 따라 후춧가루나 고추를 더해도 좋아요.
- 멸치다시마 육수를 내는 방법은 가이드를 참고하세요(p.10).
- 고추기름은 전자레인지로 간편하게 만들 수 있어요. 자세한 내용은 가이드를 참고하세요(p.12).

영양사의 Pick
- 바지락에 풍부한 메티오닌(methionine)과 같은 필수아미노산은 간에서 합성되는 지방을 운반하여 간에 지방이 쌓이는 것을 막아줘요.

1. 양파는 깍둑썰기하고, 김치는 잘게 썰어둡니다. 느타리버섯은 먹기 좋은 크기로 손질합니다.
2. 바지락은 소금물에 담가 해감하고 순두부와 다진 돼지고기를 준비합니다.
3. 팬에 분량의 고추기름 재료를 모두 넣고 중약불로 볶아 고추기름을 만듭니다.
4. 고추기름에 다진 돼지고기를 넣고 고기가 익을 때까지 볶습니다.
5. 미리 만들어 놓은 멸치다시마 육수를 붓고 김치와 바지락, 양파, 굴소스, 맛술을 넣고 한소끔 끓입니다.
6. 큼직큼직하게 썬 순두부와 느타리버섯, 파를 넣고 멸치액젓으로 간을 맞추면 완성입니다.

PART 3 • 건강한 국&찌개

소고기 가지찌개

가지를 볶거나 쪄서 드시기만 했다면 찌개로 끓여보세요. 국물이 진한 소고기 가지찌개는 아주 별미랍니다. 애호박과 가지를 푹 익혀 부들부들한 식감과 소고기로 맛을 낸 진한 국물은 밥 한 공기를 뚝딱 해치우게 만들어요.

재료 4인분

샤브샤브용 소고기 200g, 가지 2개, 애호박 2/3개, 양파 1개, 쌀뜨물 5컵, 들기름 1큰술, 식물성오일 1큰술, 고춧가루 1큰술, 고추장 1.5큰술, 액젓 2큰술, 파 1큰술, 쫑쫑 썬 고추 1~2개

소고기 밑간
다진 마늘 0.5큰술, 된장 1큰술

깨알 꿀 TIP
- 액젓 대신 소금으로 간을 해도 좋아요.
- 얼큰한 찌개를 원한다면 청양고추를 넣어주세요.

영양사의 Pick
- 가지의 안토시아닌(anthocyanin)은 혈관 속 노폐물을 배출시키고 심장질환 및 뇌졸중 예방에 좋아요. 특히 고지방 식품인 소고기와 함께 섭취하면 혈중 콜레스테롤 수치의 상승을 억제할 수 있어요.

1. 가지와 양파, 애호박은 모두 비슷한 크기로 깍둑썰기합니다.
2. 소고기는 다진 마늘과 된장에 버무려 밑간을 하고 쌀뜨물을 준비합니다.
3. 냄비에 들기름과 식물성오일을 섞어 두르고 가지와 소고기, 고춧가루를 넣어 볶습니다.
4. 쌀뜨물을 붓고 고추장을 풀어 보글보글 끓입니다.
5. 양파와 애호박을 넣고 재료들이 다 익으면 액젓으로 간을 맞춥니다.
6. 마지막으로 파와 고추를 기호에 따라 더하면 완성입니다.

PART 3 • 건강한 국&찌개

대하찌개

9월이면 대하 철이 시작돼요. 덕분에 싱싱한 대하를 마트에서도 자주 보게 되는데요. 이 대하로 찌개를 끓이면 시원한 국물이 일품인 찌개를 맛볼 수 있답니다. 한번 먹기 시작하면 숟가락을 놓을 수 없을 거예요.

재료 3인분

멸치다시마 육수 6컵, 무 200g, 양파 1/2개, 애호박 1/2개, 느타리버섯 150g, 새우 16~20마리, 국간장 1.5큰술, 소금 약간, 쑥갓 1줌, 홍고추 1개, 파 1줌

양념장
된장 1큰술, 고추장 2/3큰술, 고춧가루 2큰술, 맛술 2큰술, 다진 마늘 1큰술

1. 무는 나박썰기하고, 양파는 채 썹니다. 애호박은 반달썰기하고 느타리버섯은 찢고, 쑥갓은 씻어 준비합니다.
2. 새우는 등쪽 두 번째 마디에 꼬치를 찔러 넣고 들어 올려 내장을 제거합니다.
3. 고명으로 올릴 홍고추와 파도 쫑쫑 썰어 준비합니다.
4. 작은 볼에 분량의 양념장 재료를 모두 넣고 섞습니다.
5. 냄비에 미리 준비한 멸치다시마 육수와 무를 넣고 끓입니다.
6. 무가 익으면 양념장을 풀고, 양파와 애호박, 느타리버섯, 새우를 넣어 끓입니다.
7. 국간장과 소금으로 간을 맞추고 고명으로 쑥갓과 홍고추, 파를 넣으면 완성입니다.

깨알 꿀 TIP
- 멸치다시마 육수를 내는 방법은 가이드를 참고하세요(p.10).

영양사의 Pick
- 초가을이 제철인 대하는 몸을 따뜻하게 해주는 성질이 있으며 양질의 아미노산이 많고, 칼슘과 철분이 풍부해서 뼈 건강과 원기회복에 좋아요.

꼬막 된장찌개

쫄깃한 꼬막이 들어간 된장찌개는 별미 중에 별미예요. 약간 심심하게 끓여내면 꼬막 본연의 맛이 잘 느껴져서 아주 좋답니다. 호록호록 쫄깃한 꼬막살과 채소들을 떠먹다보면 "맛있다"라는 말이 절로 나올 거예요.

🍴 재료 4인분

멸치건새우 육수 4컵, 꼬막 300g, 무 150g, 두부 200g, 애호박 1/3개, 양파 1/2개, 표고버섯 2개, 청양고추와 홍고추 각 1개, 쫑쫑 썬 파 1줌, 고춧가루 0.5큰술, 다진 마늘 0.5큰술, 된장 2큰술, 고추장 0.5큰술

멸치건새우 육수
물 4.5~5컵, 다시마(4×4) 2장, 멸치 6~7마리, 건새우 7~8개

깨알 꿀 TIP
- 멸치건새우 육수를 내는 방법은 가이드를 참고하세요(p.11).
- 꼬막을 손질하는 방법은 가이드를 참고하세요(p.19).
- 꼬막을 끓일 때 올라오는 거품을 걷어내면 더욱 깔끔한 맛을 낼 수 있어요.

영양사의 Pick
- 꼬막에는 아연, 철분, 칼슘이 풍부하게 들어있어요. 그중 아연은 단백질과 세포의 유전물질인 DNA의 생성에 관여하는 등 면역체계를 도와주는 역할을 하여 감기를 예방할 수 있어요.

1. 양파, 표고버섯, 두부, 무, 고추, 애호박을 썰어 준비합니다.
2. 꼬막은 해감하고 삶아낸 뒤 살을 발라내고 몇 개는 입만 벌려 준비합니다.
3. 냄비에 멸치건새우 육수를 넣고 된장과 고추장을 푼 뒤 무를 넣어 끓입니다.
4. 무가 익으면 다진 마늘을 넣고 두부와 애호박, 표고버섯, 양파, 꼬막을 넣고 끓입니다.
5. 재료가 다 익으면 고추와 파를 넣고 고춧가루를 더해 색을 내면 완성입니다.

애호박찌개

칼칼하면서 감칠맛이 제대로인 애호박찌개입니다. 부드러운 애호박과 두부가 참 잘 어울리는 조합인데요. 끓일 때마다 바닥까지 싹싹 긁어 먹게 되는 매력적인 찌개랍니다.

재료 2~3인분

애호박 1개, 두부 1모, 찌개용 돼지목살 150g, 파 1줌, 양파 1/2개, 멸치다시마 육수 2컵

고추기름
식용유 2큰술, 고춧가루 2큰술, 마늘 2/3큰술

찌개양념
간장 2.5~3큰술, 액젓 2큰술, 맛술 2큰술, 고추장 1큰술, 올리고당 2큰술

깨알 꿀 TIP
- 멸치다시마 육수를 내는 방법은 가이드를 참고하세요(p.10).
- 고추기름은 전자레인지로도 만들 수 있어요(p.12).
- 매콤함을 더하고 싶으면 마지막에 고추를 약간 넣어도 좋아요.

영양사의 Pick
- 애호박은 당질과 비타민A·C가 풍부하여 소화·흡수가 잘되고, 애호박 씨에 들어있는 레시틴(lecithin) 성분은 치매예방과 두뇌발달에 효과가 있어요.

1. 두부는 2등분해 1cm 두께로 썰고 애호박도 1cm 두께로 썰어 준비합니다.
2. 양파는 채 썰고 파는 어슷썰기합니다. 찌개용 돼지목살도 준비합니다.
3. 냄비에 분량의 고추기름 재료를 넣고 약불로 타지 않게 볶아 고추기름을 만듭니다.
4. 매콤한 향이 올라오면 돼지목살을 넣고 중불로 올려 고기를 볶습니다.
5. 고기가 살짝 익으면 불을 끄고 애호박과 두부를 차곡차곡 올린 뒤 멸치다시마 육수를 붓고 불을 켭니다.
6. 분량의 찌개 양념을 넣고 3~4분 정도 끓입니다.
7. 마지막으로 양파와 파를 넣고 조금 더 끓여 애호박이 익고 두부에 양념이 스며들면 완성입니다.

PART 3 · 건강한 국&찌개

불고기 버섯전골

저희 집에서 '왕종순 여사의 얼큰 불고기 전골'이라고 불리는 친정 엄마의 대표 메뉴인 불고기 버섯전골을 소개합니다. 하얀 국물로 끓여도 맛있지만 빨간 양념장을 넣고 칼칼하게 끓이면 진한 국물 맛에 반하게 된답니다. 부추와 버섯을 가득 넣고 끓이기 때문에 마지막에 우러난 국물 맛이 정말 진국이지요. 배가 불러도 끝까지 먹게 되는 마성의 전골이에요.

재료 3인분

불고기 300g, 새송이버섯 2개, 표고버섯 7~8개, 느타리버섯 1팩(약 300g), 당근 1/4개, 부추 60g, 대파 1개, 육수 4컵

불고기 양념
간장 3큰술, 설탕 1.5큰술, 간 양파 1큰술, 맛술 1큰술, 다진 마늘 0.5큰술, 후춧가루 약간, 참기름 1큰술

육수
물 4.5~5컵, 양파 1/4개, 무 1쪽, 멸치 6~7마리, 다시마(4×4) 2장, 건새우 6~7개

양념장
육수 2큰술, 맛술 2큰술, 고춧가루 2.5큰술, 다진 파 1큰술, 다진 마늘 1큰술, 다진 청양고추 1큰술, 멸치액젓 2큰술, 새우젓 0.5큰술

깨알 꿀 TIP
- 부족한 간은 새우젓이나 멸치액젓으로 맞춰주세요. 두 가지 중 한 가지 액젓만 사용해도 좋지만 둘 다 넣으면 감칠맛이 더욱 깊어져요.
- 육수를 내는 방법은 가이드를 참고하세요(p.10).

영양사의 Pick
- 양질의 단백질 식품인 소고기와 비타민과 무기질, 식이섬유소가 풍부한 버섯을 함께 섭취하면 육류의 과다 섭취를 조절할 수 있어요. 또한 고기만 먹었을 때보다 지방, 콜레스테롤의 섭취나 흡수를 줄일 수 있어요.

1. 새송이버섯과 표고버섯은 슬라이스하고 느타리버섯은 가볍게 씻은 뒤 먹기 좋은 크기로 찢어 준비합니다.
2. 당근과 파는 길고 네모난 크기로 얇게 썰고, 부추는 5cm 길이로 썰어 준비합니다.
3. 핏물을 뺀 불고기는 분량의 양념 재료를 넣어 밑간을 하고 재워둡니다.
4. 냄비에 썰어놓은 버섯과 당근, 부추, 파를 빙 돌려가며 놓고 가운데에 양념한 불고기를 올립니다.
5. 미리 준비한 육수를 붓고 보글보글 끓이면 완성입니다. 매콤한 전골을 원한다면 여기에 분량의 양념장 재료를 모두 섞어 넣은 뒤 조금 더 끓이면 됩니다.

두부 견과 강된장

두부와 견과류, 고기를 넣은 두부 견과 강된장은 짜지 않아 그대로 밥 위에 올려 드셔도 맛있고, 상추쌈과 함께 드셔도 좋아요. 두부와 우엉, 가지 그리고 견과류까지 다양하게 넣어 씹는 재미도 쏠쏠하답니다.

🍴 재료 3인분

두부 150g, 다진 돼지고기 150g, 우엉 1/2개, 가지 1/2개, 식물성오일 0.5큰술, 쌈장 1.5~2큰술, 다진 견과류 2큰술, 꿀 0.3큰술, 다진 마늘 0.5큰술, 다진 파 1큰술, 다진 고추 1/2개

깨알 꿀 TIP
- 우엉은 식초를 약간 넣은 물에 담가두면 갈변을 막을 수 있어요.

영양사의 Pick
- 발효식품인 된장은 우리 몸에 유익한 식품이지만 염분의 함량이 매우 높아요. 때문에 두부와 고기, 견과류 등을 넣으면 영양을 챙길 뿐만 아니라 짠맛도 완화시킬 수 있어요.

1. 우엉은 껍질을 벗긴 후 작게 썰고, 가지도 같은 크기로 썹니다. 다진 돼지고기도 준비합니다.
2. 두부는 키친타월로 물기를 빼 칼등으로 으깨서 준비하고, 견과류와 파, 고추도 다집니다.
3. 팬에 식물성오일을 두르고 가지와 우엉을 볶습니다. 타는 듯한 느낌이 들면 분량 외의 물을 조금씩 넣어 익힙니다.
4. 가지와 우엉이 어느 정도 익으면 다진 돼지고기와 마늘을 넣고 함께 볶습니다.
5. 두부를 넣고 볶으며 수분을 날리다가 다진 견과류를 넣어 섞습니다.
6. 쌈장과 꿀을 넣고 잘 섞어 볶은 뒤 다진 파와 고추를 넣으면 완성입니다.

토마토 가지 냉국

전 '여름'하면 가지와 토마토가 제일 먼저 떠올라요. 여름을 대표하는 두 가지 재료로 시원한 냉국을 만드니 더위가 한결 가시는 것 같아요. 가지를 따로 반찬으로 줄 땐 잘 먹지 않던 딸도 이렇게 냉국으로 주니 가지도 토마토도 다 맛있다며 한 그릇을 뚝딱 비워낸답니다.

재료 3인분

가지 2개, 토마토 1개

가지 양념
국간장 2큰술, 식초 1큰술, 다진 마늘 0.5큰술, 설탕 1큰술, 참기름 1작은술, 다진 파 1큰술, 통깨 약간

냉국 육수
물 5컵, 국물용 멸치 15마리, 다시마(5×5) 2조각, 양파 1/4개

육수 양념
국간장 0.5큰술, 소금 0.3큰술, 식초 2.5큰술, 설탕 1큰술

깨알 꿀 TIP
- 냉국 육수를 내는 방법은 가이드를 참고하세요(p.10).
- 가지를 찜기에 찔 때는 물이 끓어오르고 난 뒤, 4분 정도 찌면 돼요.
- 기호에 따라 홍고추나 쪽파, 통깨를 얹어도 좋아요.

영양사의 Pick
- 토마토에 풍부한 비타민C와 베타카로틴, 라이코펜(Lycopene) 등의 생리활성 물질이 세포를 건강하게 하는 항산화제로 작용해 항염증 효과 및 심혈관계 질환의 치료에 도움이 돼요.

1. 가지는 반으로 자르고 가로, 세로 모두 3등분한 뒤 랩을 씌워 전자레인지에 넣고 약 5분간 돌립니다.
2. 토마토는 먹기 좋은 크기로 자르고, 전자레인지에서 꺼낸 가지는 한 김 식혀 먹기 좋은 크기로 찢어 분량의 가지 양념 재료로 무칩니다.
3. 미리 만든 냉국 육수에 분량의 육수 양념을 넣고 냉장고에 넣어 차갑게 만든 뒤, 양념한 가지와 토마토를 넣으면 완성입니다.

SUPER FOOD

PART. 4
건강한 반찬

무말랭이 레몬장아찌
가지장아찌
팽이버섯장아찌
양배추 물김치
김조림
無수분 연근조림
마늘 견과조림
다시마 곤약 감자조림
톳 오이무침
부추 꼬막무침
시금치 고추장무침
가지 된장구이
유자청 삼치구이
비트 연근튀김
부추 두부구이와 소고기양념장
두부빈대떡
파래전

무말랭이 레몬장아찌

꼬들꼬들 무말랭이로 담근 피클이에요. 상큼한 레몬을 몇 개 넣고 담그면 새콤달콤함에 한 번 반하고, 은은한 레몬 향에 두 번 반하고, 무말랭이의 맛있는 식감에 세 번 반하는 반찬이랍니다.

 재료 10회분

무말랭이 130g

배합초
슬라이스 한 레몬 3쪽, 물 2컵, 간장 1컵, 식초 0.8컵, 설탕 0.8컵

깨알 꿀 TIP
- 김밥 쌀 때 단무지 대신 사용하면 맛도 좋고 건강에도 좋아 일석이조예요.

영양사의 Pick
- 무는 소화·흡수를 촉진시키고 열량이 낮으며 식이섬유소가 풍부해 체중조절 및 변비 예방에 도움이 돼요. 무말랭이는 수분이 빠지고 비타민B_1, B_2, 비타민D, 칼슘의 함량이 증가해 건강에 더욱 좋아요.

1. 무말랭이를 찬물에서 20~30분 정도 불린 뒤 건져내 잘 씻고 물기를 꽉 짜서 준비합니다.
2. 냄비에 분량 외의 물을 끓여 무말랭이 레몬장아찌를 넣을 병을 뒤집어 놓고 열탕 소독을 합니다.
3. 냄비에 분량의 배합초 재료를 모두 넣은 뒤 끓입니다. 끓어오르면 불을 끕니다.
4. 병에 불린 무말랭이를 넣고 뜨거운 배합초를 그대로 붓습니다. 배합초가 식으면 냉장고에 넣어 하루 정도 숙성시키면 완성입니다.

가지장아찌

경상도에 살고 있는 친구네 집에서 가지장아찌를 맛본 적이 있었는데, 쫄깃한 식감의 가지가 너무 맛있더라고요. 그 맛이 자꾸 생각나 저도 가지 철만 되면 가지장아찌를 담그게 되었어요. 한 입 베어 물면 쫄깃한 가지 사이로 새콤한 배합초가 새어나와 잃어버린 입맛도 다시 돌아온답니다.

재료 6인분

가지 3개, 청양고추와 홍고추 3~4개, 다시마물 2컵

다시마물
찬물 2컵, 다시마(4×4) 2장

배합초
간장 1컵, 식초 0.5컵, 설탕 0.5컵

깨알 꿀 TIP

- 장아찌를 담그기 1~2시간 전에 미리 다시마물을 만들어두세요.
- 가지와 함께 아삭이 고추나 양파를 넣어 담가도 좋아요.
- 장아찌의 양이 많다면, 2~3일 후 배합초만 덜어내 다시 끓인 뒤 장아찌에 부으면 더 오랫동안 즐길 수 있어요.
- 가지장아찌 배합초에 시원한 얼음물을 섞어 새콤달콤한 가지 국수를 즐겨보세요.

영양사의 Pick

- 가지는 항산화 물질인 안토시아닌(anthocyanin)의 함량이 높아 항암효과 및 항염증에 효과가 있어요. 또한 이뇨효과로 몸이 잘 붓거나 혈압조절이 필요한 사람에게 도움이 돼요.

1. 가지는 먹기 좋은 크기로 얇게 썰어 준비하고, 칼칼한 맛을 낼 고추도 썰어 준비합니다.
2. 냄비에 분량 외의 물을 끓여 가지장아찌를 넣을 병을 뒤집어 놓고 열탕 소독을 합니다.
3. 냄비에 분량의 배합초 재료를 모두 넣고 미리 만들어 둔 다시마물을 붓습니다.
4. 다시마물과 배합초를 섞어 끓입니다.
5. 병에 가지와 고추 그리고 뜨거운 배합초를 넣습니다. 납작한 돌로 윗부분을 눌러 하루 정도 숙성시키면 완성입니다.

팽이버섯 장아찌

팽이버섯의 아삭아삭한 식감이 살아있고, 입안 가득 시원한 기분이 드는 팽이버섯 장아찌는 여름철 별미 반찬이에요. 먹기 직전에 청양고추와 파를 약간 다져 조물조물 무친 후 마무리로 참기름과 통깨를 넣으면, 매콤하면서도 시원하고 아삭한 팽이버섯 장아찌의 맛을 제대로 느낄 수 있답니다.

🍴 재료 8회 분량

팽이버섯 4~5묶음, 다시마물 150g, 간장 200g, 물엿 50g, 설탕 50g

다시마물
물 150g, 다시마(4×4) 1장

깨알 꿀 TIP
- 찬물에 다시마를 넣어 다시마물을 만들어두세요.
- 담근 후 한두 시간 후부터 먹을 수 있어요.
- 드실 때 다진 청양고추와 파, 참기름을 더하면 맛있게 드실 수 있어요.

영양사의 Pick
- 팽이버섯은 항산화 효과가 있는 셀레늄, 비타민 B_1, B_2, 나이아신 그리고 변비와 다이어트에 좋은 식이섬유가 풍부하게 포함되어 있어요.

1. 밑동을 잘라 손질한 팽이버섯에 끓인 물을 부어 살짝 데치고, 물기를 최대한 빼서 준비합니다.
2. 냄비에 분량 외의 물을 끓여 팽이버섯장아찌를 넣을 병을 뒤집어 놓고 열탕 소독을 합니다.
3. 냄비에 다시마물과 간장, 물엿, 설탕을 넣고 팔팔 끓인 후 식힙니다.
4. 물기를 제거한 팽이버섯을 병에 차곡차곡 담고, 한 김 식힌 간장을 부으면 완성입니다.

PART 4 • 건강한 반찬

양배추 물김치

아삭아삭한 식감이 일품인 양배추 물김치는 저희 가족이 아주 좋아하는 반찬이에요. 특히 제 딸이 그릇째 들고 마실 정도로 좋아해서 양배추가 나오기 시작할 때면 몇 번씩 담가 먹곤 한답니다. 김치를 처음 만드는 초보 주부라면 물김치부터 도전해보세요. 차근차근 따라하면 맛있는 양배추 물김치를 담그실 수 있어요.

🍴 재료 16회 분량

양배추 1통, 물 2L, 천일염 5큰술

밀가루 풀
물 2컵, 밀가루 2큰술

과일소스
파프리카 1개, 오렌지 1개, 사과 1/2개, 홍고추 3개, 마늘 4~5개, 생강 약간

김칫국물
물 3L, 고춧가루 2큰술, 굵은 소금 2~3큰술, 멸치액젓 7~8큰술, 설탕 2큰술, 매실효소 3큰술

깨알 꿀 TIP

- 양배추를 절일 때 뜨거운 소금물을 붓고 식히면 양배추의 쓴맛이 없어져요.
- 여름에는 상온에서 반나절, 선선할 때는 하루 정도 익힌 뒤 냉장 보관해서 드시면 돼요.
- 잘 익은 양배추 물김치에 소면을 삶아 국수를 말아먹으면 아주 별미예요.

영양사의 Pick

- 양배추는 위궤양 개선에 도움을 주며 염증을 감소시키고 위암, 유방암 등 각종 암을 예방하는 효과가 있어요.

1. 밀가루 풀을 만듭니다. 냄비에 물과 밀가루를 넣고 덩어리지지 않게 푼 뒤 불에 올려 2~3분간 저어가며 끓입니다. 걸쭉해지면 불에서 내려 식혀둡니다.
2. 양배추는 먹기 좋은 크기로 썰어 통에 담은 뒤, 천일염을 넣고 끓인 물을 부어 약 40분간 절이고 물기를 뺍니다.
3. 과일소스 재료를 믹서에 넣고 갈아줍니다.
4. 김치통에 물과 밀가루 풀, 과일소스를 섞고 양배추를 넣은 뒤, 체에 고춧가루를 넣고 곱게 내립니다.
5. 마지막으로 굵은 소금, 멸치액젓, 설탕, 매실효소를 섞어 간을 맞추면 완성입니다.

PART 4 • 건강한 반찬

김조림

일본의 김 퓨레를 보고 한국식 양념으로 만들어본 김조림이에요. 김 장아찌와 비슷한 맛이 나지만 양념장을 켜켜이 올려 만든 것이 아니라서 조금 더 쉽게 만드실 수 있답니다. 매콤하고 맛있는 김조림은 반찬으로 드셔도 좋지만, 밥에 비벼서 달걀프라이나 아보카도와 함께 드시면 아주 좋아요.

🍴 재료 5~6인분

생 김 16장, 다진 파 2큰술, 청양고추 2개, 식초 1큰술, 통깨 약간, 참기름 약간

육수
물 3컵, 다시마(5×5) 2장, 멸치 5~6마리, 파 1/4개, 양파 1/4개

김조림 양념
고추장 0.5큰술, 간장 4큰술, 맛술 4큰술, 물엿 3.5큰술, 다진 마늘 0.5큰술

깨알 꿀
- 냉장고에 넣어 보관하면 2~3주간 드실 수 있는 저장반찬이에요.

영양사의 Pick
- 김과 같은 해조류에는 체내에 쌓인 중금속과 독소를 배출하는 효능이 있어요. 또한 칼륨과 칼슘이 풍부하여 황사나 미세먼지로 나빠진 기관지 건강에 도움이 돼요.

1. 냄비에 육수 재료를 모두 넣고 끓입니다. 육수가 끓고 3~4분 뒤에 다시마를 건져내고, 10분 정도 더 끓여 육수를 만듭니다.
2. 다진 파를 준비하고, 청양고추도 잘게 다집니다.
3. 김은 가위로 적당히 자릅니다.
4. 마른 팬에 자른 김을 넣고 약불로 볶아 바삭해지도록 수분을 날립니다.
5. 김에 육수와 김조림 양념, 다진 파와 청양고추를 넣고 잘 섞은 뒤 졸입니다.
6. 물기가 없어질 때까지 중약불로 졸이고, 마지막에 식초와 통깨, 참기름을 넣으면 완성입니다.

PART 4 · 건강한 반찬

無수분 연근조림

쫀득한 연근조림을 만들려면 오랜 시간 동안 저어 주면서 졸여야하기 때문에 시간과 정성이 참 많이 드는데요. 조청으로 미리 연근의 수분을 빼면 10분 만에 쫀득한 연근조림을 만들 수 있답니다. 물 한 방울 넣지 않고 오로지 연근 자체의 수분으로만 만든 연근조림을 소개할게요.

🍴 재료 4인분

연근 250g, 조청 3큰술, 견과류 50g, 식물성오일 1큰술, 간장 3큰술, 맛술 1큰술, 참기름 0.5큰술, 통깨 약간

1. 연근은 껍질을 벗겨 세로로 길게 4등분으로 자르고 가로로 0.5cm 두께로 자릅니다.
2. 연근에 조청을 넣어 골고루 버무리고 연근에서 수분이 나올 때까지 약 15분 정도 그대로 둡니다.
3. 약불로 연근을 졸입니다.
4. 물기가 없어지면 견과류와 식물성오일을 넣고 살짝 볶습니다.
5. 간장과 맛술을 넣고 섞으면서 강불로 올려 수분이 없어질 때까지 바짝 졸입니다. 마지막에 참기름과 통깨를 뿌리면 완성입니다.

깨알 꿀 TIP

- 견과류는 취향에 따라 다양하게 넣어도 좋아요.

영양사의 Pick

- 비타민C와 철분이 많은 연근은 혈액 생성에 도움을 주며, 연근의 탄닌(tannin)은 지혈작용에 효과적이에요. 또한 수분 없이 조리하는 방법은 영양소 손실을 막을 수 있어 아주 좋답니다.

PART 4 · 건강한 반찬

마늘견과조림

젤리 같이 쫀득한 마늘이 매력적인 마늘 견과조림은 마늘을 싫어하는 아이들도 거부감 없이 맛있게 먹을 수 있는 반찬이에요. 마늘은 쫀득하고, 견과는 고소하고, 양념은 달콤 짭조름해 반찬으로 무척 좋답니다.

 재료 3인분

마늘 200g, 식물성오일 1/2컵, 견과류 150g, 간장 2큰술, 조청(물엿) 2큰술, 맛술 2큰술, 통깨 적당히

깨알 꿀 TIP

- 견과류는 취향에 따라 다양하게 넣어도 좋아요.
- 마늘을 튀긴 기름은 따로 모아 두었다가 다른 요리를 할 때 사용하면 풍미가 훨씬 좋아져요.

영양사의 Pick

- 마늘은 암 예방 효과가 탁월하며, 마늘을 즐겨 먹는 사람들은 전립선암 발병률이 낮아진다는 연구 결과가 있어요. 여기에 견과류를 함께하면 마늘에 부족한 필수지방산을 보완할 수 있어요.

1. 마늘을 2~3조각 정도씩 편으로 썰어 찬물에 20분 정도 담가 매운맛을 뺍니다.
2. 견과류는 마른 팬에 볶아 전처리합니다.
3. 마늘은 물기를 제거하고 식물성오일을 넉넉히 두른 팬에 넣어 중약불로 타지 않게 튀기듯 익힙니다.
4. 마늘이 노릇노릇하게 익으면 체에 받쳐 기름을 뺍니다.
5. 팬에 간장과 조청, 맛술을 넣고 끓이다가 거품이 올라오면, 볶은 견과류와 마늘을 넣고 졸입니다. 마지막으로 통깨를 뿌리면 완성입니다.

PART 4 · 건강한 반찬

다시마 곤약 감자조림

유치원에 다녀온 딸이 어묵국에 코코넛이 나왔는데 맛있었다고 하더라고요. '그게 뭘까?' 했는데 곤약을 말하는 것 같았어요. 곤약으로 어떤 반찬을 해줄까 고민하다가 조림을 만들어 보았는데요. 곤약을 졸이니까 식감이 쫄깃하고 탱탱해서 자꾸만 집어 먹게 되는 건강반찬이 되었답니다.

🍴 재료 3인분

감자 2개(250g), 곤약 250g, 식초 1큰술, 다시마(4×4) 3장, 식물성오일 1.5큰술, 다진 마늘 0.5큰술, 물 2컵, 간장 5큰술, 물엿 3큰술, 맛술 2큰술, 참기름 1큰술, 통깨 약간

깨알 꿀 TIP

- 곤약을 식초 섞은 물에 데치면 곤약 특유의 냄새를 없앨 수 있어요.

영양사의 Pick

- 곤약의 주성분인 글루코만난(glucomannan)은 수분과 식이섬유로 되어 있어 소화가 되지는 않지만 부드럽게 장을 자극해 배변활동에 도움이 돼요

1. 감자와 곤약은 깍둑썰기하고, 다시마는 채 썰어 준비합니다.
2. 냄비에 식초를 넣고 분량 외의 물을 끓입니다. 물이 끓어오르면 곤약을 넣고 1분 정도 데칩니다.
3. 팬에 식물성오일을 두르고 다진 마늘을 넣어 약불로 볶습니다.
4. 감자와 곤약을 넣고 1~2분 정도 볶습니다.
5. 채 썬 다시마와 물, 간장, 물엿, 맛술을 넣고 졸입니다.
6. 양념이 졸아들고 감자가 충분히 익으면 불을 끄고, 참기름과 통깨를 넣으면 완성입니다.

톳 오이무침

바다의 맛이 가득한 톳을 오이와 함께 새콤달콤하게 무쳐내면 식욕을 돋우는 반찬이 된답니다. 톳을 불릴 때 혹은 데쳐낼 때 식초를 약간 넣으면 비린내도 사라지니 오독오독 톡톡 터지는 톳의 매력적인 식감에 빠져보세요.

🍴 재료 4인분

톳 120g, 식초 1큰술, 오이 2개, 소금 1작은술, 통깨 1큰술, 참기름 약간

양념장

고춧가루 1.5큰술, 고추장 0.5큰술, 식초 1.5큰술, 설탕 1.5큰술, 다진 마늘 0.5큰술

깨알 꿀 TIP

- 따뜻한 밥과 함께 비벼 든든한 한 그릇 음식으로도 좋아요.
- 염장 톳을 사용할 경우 물에 담가 짠맛을 충분히 빼주세요.

영양사의 Pick

- 톳은 황사와 미세먼지 배출에 도움이 되고, 또한 식초와 함께 무쳐 섭취하면 철분의 흡수를 증가시킬 수 있어요.

1. 톳은 식초를 넣은 뜨거운 물에 30~40초 정도 데친 뒤, 찬물에 헹구고 물기를 빼 먹기 좋은 크기로 자릅니다.
2. 오이는 어슷썰기하고 소금을 뿌려 잠시 절였다가 찬물에 헹구고 물기를 뺍니다.
3. 작은 볼에 분량의 양념장 재료를 모두 넣고 골고루 섞습니다.
4. 데친 톳과 절인 오이, 그리고 양념장을 넣고 버무립니다. 마지막으로 참기름과 통깨를 넣고 가볍게 섞으면 완성입니다.

부추꼬막무침

강릉에 꼬막무침으로 유명한 곳이 있다고 들었는데 너무 멀어 갈 엄두가 안 나더라고요. 그래서 직접 만들어보았는데요. 쫄깃한 꼬막과 매콤달콤한 양념이 술 한 잔 생각나게 하는 맛이랍니다. 물론 밥과 함께 먹으면 더할 나위 없이 좋고요. 이제 꼬막 철만 기다리게 될 것 같아요.

재료 3~4인분

꼬막살 200g, 부추 100g, 참기름 1큰술, 통깨 약간

양념장

다진 마늘 2/3큰술, 간장 6큰술, 설탕 1.5큰술, 맛술 1.5큰술, 고춧가루 1.5큰술, 다진 고추 1큰술

깨알 꿀 TIP

- 꼬막을 손질하는 방법은 가이드를 참고하세요(p.19).

영양사의 Pick

- 꼬막은 헤모글로빈과 철분이 풍부해서 빈혈이 있는 여성이나 임산부 및 성장기 어린이에게 매우 좋아요. 또한 해독작용에도 탁월한 효능이 있기 때문에 제철인 1월에 섭취하세요.

1. 부추는 깨끗이 씻어서 3~4cm로 자르고, 꼬막은 살은 발라 준비합니다.
2. 작은 볼에 분량의 양념장 재료를 모두 넣고 골고루 섞습니다.
3. 볼에 꼬막살과 부추, 양념장을 넣고 조물조물 무칩니다.
4. 마지막으로 참기름과 통깨를 넣어 가볍게 섞으면 완성입니다.

시금치 고추장무침

초고추장 양념으로 새콤달콤하게 무쳐낸 시금치무침은 친정엄마가 자주 해주시던 반찬이에요. 시금치를 가득 무쳐서 엄마와 양푼에 넣어 비벼 먹기도 했었는데요. 소금과 참기름만 넣고 무친 시금치만 드셨다면 이번에 신세계를 경험하실 거예요.

재료 2인분

시금치 200g(데친 후 160g), 소금 약간

양념장
고추장 1큰술, 고춧가루 0.5큰술, 매실효소 1큰술, 식초 1큰술, 설탕 0.3큰술, 다진 마늘 0.5큰술, 참기름 1큰술, 통깨 약간

깨알 꿀 TIP
- 시금치를 데칠 때 소금을 약간 넣으면 파릇파릇한 색이 선명해져요.

영양사의 Pick
- 12월이 제철인 시금치는 비타민 A·C와 철분, 엽산이 풍부하여 항산화 활성이 우수하고 빈혈 예방에 도움이 돼요. 또 태아의 뇌신경과 척추신경 형성에 중요한 역할을 하기 때문에 임산부에게도 좋답니다.

1. 시금치는 다듬은 뒤, 깨끗하게 씻어 준비합니다.
2. 팔팔 끓는 물에 소금을 약간 넣어 시금치를 살짝 데친 뒤 바로 건져 찬물에 헹구고 물기를 꽉 짭니다.
3. 볼에 데친 시금치와 양념장 재료를 모두 넣습니다.
4. 양념들이 잘 섞이도록 조물조물 무치면 완성입니다.

PART 4 · 건강한 반찬

가지 된장구이

가지는 흐물흐물한 식감 때문에 호불호가 갈리는 식재료 중 하나인데요. 가지를 맛있게 구우면 가지를 싫어하셨던 분들도 가지의 매력에 빠질 거예요. 가지에 된장을 발라 구워낸 가지 된장구이는 편식하던 가족들의 식습관을 바꿔놓은 훌륭한 반찬이랍니다. 가지를 기름에 볶아내면 영양소 흡수가 더욱 좋아진다고 하니 꼭 들기름 향을 입혀서 구워보세요.

재료 2인분

가지 2개, 들기름 2큰술, 올리브오일 2큰술

된장소스
된장 1큰술, 마늘 0.5큰술, 올리고당 0.5큰술, 마요네즈 1큰술

1. 가지를 1cm 정도 두께로 썰어 준비합니다.
2. 된장과 마늘, 올리고당을 섞어 된장소스를 만듭니다.
3. 팬에 올리브오일과 들기름을 섞어 두르고 가지를 올려 굽습니다.
4. 앞뒤로 된장소스를 여러 번 발라 약불로 구워서 가지에 양념이 쏙쏙 배게 익히면 완성입니다.

깨알 꿀 TIP

- 가지는 기름을 많이 흡수하기 때문에, 가지에 기름이 어느 정도 흡수된 다음부터는 기름을 더 두르지 말고 굽듯이 조리하세요.

영양사의 Pick

- 가지와 같은 보라·검정색은 파이토케미컬의 한 종류인 안토시아닌(anthocyanin)이 풍부해 강력한 항산화작용으로 세포 손상을 막아 노화 예방과 면역력 증가에 효과적이에요.

PART 4 · 건강한 반찬

유자청 삼치구이

생선이 몸에 좋다는 것은 다 알고 있는 사실이지만 생선 비린내 때문에 기피하는 분들도 많이 계실 거예요.
하지만 노릇노릇하게 구워낸 삼치 위에 유자 향이 솔솔 나는 소스를 입혀내면 비린내는 사라지고 유자의
상큼한 향기만 남는답니다.

재료 3인분

손질된 삼치 1마리, 맛술 2큰술, 소금 1꼬집, 전분가루 3큰술, 식물성 오일 약간

유자청소스
간장 4큰술, 물 3큰술, 맛술 2큰술, 유자청 2큰술, 생강즙 1작은술, 녹말물 약간

깨알 꿀
- 녹말물은 녹말 1큰술에 물 2큰술을 넣어 만들어주세요.
- 완성된 유자청소스를 삼치를 구운 팬에 붓고 잠시 졸여도 좋아요.

영양사의
- 등 푸른 생선인 삼치는 불포화지 방산인 DHA와 EPA가 풍부해 혈중 콜레스테롤을 저하시켜 동맥 경화와 고혈압을 예방해요. 또한 유자는 비타민A·C와 무기질 및 구연산이 풍부하여 피로회복과 식욕 및 소화 촉진 등의 효과가 있어요.

1. 삼치는 요리하기 전에 먼저 뼈를 제거해 먹기 좋은 상태로 만듭니다.
2. 손질한 삼치에 맛술과 소금을 뿌려 20분 정도 재웁니다.
3. 삼치에 전분가루를 골고루 입힙니다.
4. 팬에 식물성오일을 넉넉히 두르고 삼치를 노릇노릇하게 익힙니다.
5. 냄비에 분량의 유자청소스 재료를 넣고 끓이다가 녹말물을 넣어 덩어리지지 않게 재빨리 저은 후 불을 끕니다. 노릇하게 구운 삼치 위에 유자청소스를 올리면 완성입니다.

PART 4 · 건강한 반찬

비트연근튀김

튀기면 세상에 맛없는 것이 없죠? 그래서인지 연근을 튀기니 아이들이 정말 잘 먹어요. 그냥 튀겨도 맛있지만 비트즙을 섞은 핑크색 튀김옷을 입히면 특별한 연근튀김으로 변신! 예쁜 색깔에 한 번 반하고 바삭바삭한 식감에 두 번 반한답니다.

재료 3인분

연근 450g~500g, 식초 1큰술, 녹말가루(튀김가루) 3큰술, 튀김가루 1컵, 비트즙 2/3컵, 소금 1꼬집, 식물성오일 1.5~2컵

비트즙
비트 1/2개(250g), 물 1/2컵

1. 연근은 필러를 이용해 껍질을 깨끗하게 벗기고 0.3cm 두께로 썬 뒤, 식초를 섞은 물에 넣어둡니다.
2. 20~30분 후 연근을 꺼내 물기를 제거하고, 녹말가루를 넣은 위생비닐에 넣고 흔들어 튀김옷을 골고루 묻힙니다.
3. 비트는 껍질을 벗겨 잘게 썰고 물을 섞은 뒤 곱게 갈아, 면보나 체에 받쳐 비트즙을 냅니다.
4. 튀김가루에 비트즙과 소금을 넣고 잘 섞어 튀김옷을 만듭니다.
5. 녹말가루를 입힌 연근에 비트 튀김옷을 입힙니다.
6. 팬에 식물성오일을 붓고 튀김옷을 한 두 방울 떨어뜨렸을 때 바로 떠오를 정도의 온도로 맞춘 뒤, 연근을 넣어 바삭하게 튀기면 완성입니다.

깨알 꿀 TIP

- 식초 섞은 물에 연근을 20~30분 정도 담갔다가 사용하면 떫은 맛이 없어져요.
- 튀김옷을 냉동실에 넣었다가 차가운 상태로 반죽하면 튀김이 더욱 바삭바삭해져요.
- 남은 비트 건더기는 비트크림치즈 오픈샌드위치(p.242)를 만들어도 좋고, 부침가루를 섞은 뒤 부쳐 전으로 만들어도 좋아요.

영양사의 Pick

- 철분의 함량이 높은 비트와 비타민C가 풍부한 연근을 함께 조리하면 철분의 흡수율을 높일 수 있어요.

PART 4 • 건강한 반찬

부추 두부구이와 소고기양념장

부추와 당근 옷을 입혀 노릇노릇하게 부친 두부구이에 고소한 소고기 양념장을 올리면 엄지척이 절로 나오는 두부구이가 만들어져요. 아빠의 술안주로, 아이들의 영양 반찬으로도 아주 좋은 부추 두부구이를 한 번 만들어보세요. 모양도 무척 근사하니까 특별한 날, 특별한 반찬으로 올려도 좋겠죠?

재료 4인분

부침용 두부 450g(1.5모), 전분가루 3큰술, 식물성오일 3큰술, 들기름 1큰술, 달걀 2개, 부추 30g, 당근 1/5개

소고기양념장

간장 5큰술, 물 4큰술, 맛술 1큰술, 마늘 0.5큰술, 설탕 1큰술, 고춧가루 1큰술, 참기름 1큰술, 다진 소고기 40g

깨알 꿀 TIP

- 양념장에 들어가는 다진 소고기를 미리 팬에 볶아 준비하면 시간을 절약할 수 있어요.
- 전분가루 대신 부침가루를 사용해도 좋아요.
- 두부를 부칠 때 기름에 들기름을 섞으면 맛의 풍미가 더욱 살아나요.
- 기호에 따라 대파나 청양고추를 약간 넣으면 깔끔하게 드실 수 있어요.

영양사의 Pick

- 동물성 식품과 식물성 식품에 들어있는 단백질의 구성 아미노산은 차이가 있기 때문에 어느 한 쪽으로 치우치지 않고 골고루 섭취해야 단백질의 양과 질을 모두 높일 수 있어요.

1. 부침용 두부를 썰어 키친타월을 이용해 수분을 제거하고, 전분가루를 앞뒤로 골고루 묻힙니다.
2. 부추와 당근은 잘게 다집니다.
3. 볼에 달걀과 다진 부추, 당근을 넣고 잘 섞은 뒤, 두부를 넣어 계란 옷을 입힙니다.
4. 팬에 식물성오일과 들기름을 섞어 두르고, 두부를 올려 부칩니다.
5. 양념장 재료를 모두 넣어 섞고, 따끈하게 지져낸 두부구이 위에 듬뿍 올리면 완성입니다.

두부빈대떡

아이 반찬을 따로 만들기 시작할 때 만들었던 두부빈대떡이에요. 처음엔 아이용으로 만들었지만 생각보다 너무 맛있어서 그 뒤로 비 오는 날이면 종종 부쳐 먹곤 한답니다. 부드러운 두부를 노릇노릇하게 지지면 바삭하면서 고소해서 자꾸 생각나요.

재료 3인분

두부 1모(350~400g), 숙주나물 150g, 참기름 1작은술, 소금 1꼬집, 다진 돼지고기 200g, 김치 3줄, 파 1줌, 달걀 1개, 찹쌀가루 4~5큰술, 부침가루 4~5큰술, 홍고추 약간, 식용유와 들기름 1:1 비율

돼지고기 밑간
다진 마늘 1작은술, 간장 1작은술, 후춧가루 약간, 참기름 1작은술

간장소스
간장 2큰술, 식초 1큰술, 설탕 0.3큰술, 물 1큰술

깨알 꿀 TIP
- 두부 대신 삶은 병아리콩을 갈아서 부치면 또 다른 별미를 맛볼 수 있어요.
- 전을 부칠 때 식용유와 들기름을 섞으면 더욱 고소해요.

영양사의 Pick
- 밀가루에는 필수아미노산의 함량이 매우 적지만, 두부와 돼지고기를 같이 섭취하면 상호보완적인 역할을 해 맛뿐만 아니라 건강에도 좋아요.

1. 숙주나물은 끓는 물에 살짝 데쳐 물기를 꽉 짠 뒤, 잘게 썰고 참기름과 소금을 넣고 무칩니다.
2. 숙주나물과 마찬가지로 양념을 씻은 김치와 파도 잘게 썰어 준비합니다.
3. 두부는 물기를 가볍게 제거한 뒤 칼등으로 으깨고, 다진 돼지고기는 분량의 재료로 밑간을 해둡니다.
4. 볼에 으깬 두부와 밑간한 돼지고기, 잘게 썬 숙주와 김치, 파를 넣고 달걀과 찹쌀가루, 부침가루를 섞어 반죽의 농도를 맞춥니다.
5. 식용유와 들기름을 1:1 비율로 섞어 팬에 넉넉히 두르고 반죽을 올려 홍고추로 장식해 부친 뒤 간장소스와 곁들이면 완성입니다.

PART 4 · 건강한 반찬

파래전

향긋한 파래향이 살아있는 파래전은 겉은 바삭, 속은 쫀득한 식감이 매력적이에요. 파래전을 만든 날 이웃집에 나눠줬는데, 다음날 이웃집 아주머니께서 아이가 잘 먹었다며 어떻게 만들었는지 물어보시더라고요. 순간 어찌나 뿌듯하던지. 그때의 레시피를 공개할게요.

🍴 재료 2인분

파래 50g, 부침가루 1컵, 찬물 2/3컵, 식용유 1큰술, 다진 새우 1/2컵, 다진 양파 4~5큰술, 홍고추 2개, 식물성오일 적당히

초간장소스

간장 2큰술, 식초 1큰술, 설탕 0.3큰술, 물 1큰술

깨알 꿀

- 다진 새우나 다진 오징어가 들어가야 맛있어요. 굴이나 바지락살을 넣고 만들어도 좋아요.
- 더욱 바삭한 식감을 원한다면 부침가루와 튀김가루를 7:3 비율로 섞어 튀김옷을 만드세요.
- 튀김옷을 냉동실에 10~20분 정도 넣었다가 전을 부치기 직전 꺼내 부치면 더욱 바삭해져요.

영양사의 Pick

- 파래 등의 해조류에 풍부한 요오드(Iodine)는 태아에게 발생할 수 있는 크레틴병을 예방할 수 있기 때문에 임산부에게 아주 중요한 식재료예요.

1. 파래는 체에 넣고 찬물에 2~3번 정도 흔들어가며 깨끗하게 씻은 뒤 물기를 제거합니다.
2. 물기를 제거한 파래와 양파, 새우를 잘게 나지고, 고명으로 사용할 홍고추도 썰어 준비합니다.
3. 부침가루와 찬물, 식용유를 넣고 덩어리 없이 골고루 섞습니다.
4. 파래와 양파, 새우를 넣고 잘 섞습니다.
5. 팬에 식물성오일을 넉넉히 두르고 반죽을 한 스푼씩 올린 다음 홍고추로 장식해 바삭하게 부친 뒤, 초간장소스와 곁들이면 완성입니다.

SUPER FOOD

PART. 5
건강한 특별요리

아스파라거스 키쉬

새우 진주완자

마늘보쌈

토마토 묵은지 등갈비찜

해물찜

토마토 홍합탕

문어강정

표고버섯깐풍기

가지탕수

브로콜리 연어크림크로켓

훈제오리냉채

토마토 컵밥

연어 오이롤초밥

검은깨 아몬드롤초밥

딸기크림소스 닭가슴살 치즈롤

야생블루베리 목살스테이크

PART 5 · 건강한 특별요리

아스파라거스 키쉬

키쉬(Quiche)는 프랑스의 대표적인 파이로 파이지 위에 달걀을 부어 구웠기 때문에 식사대용으로 손색이 없어요. 만들기 번거로운 파이지 대신 식빵을 이용해 간단하면서도 맛있는 키쉬를 만들었답니다. 고소한 마늘크림치즈필링에 아삭하고 달콤한 아스파라거스, 거기에 바삭한 식빵과 부드러운 달걀까지. 건강하고 맛있는 키쉬를 맛보러 가볼까요.

🍴 재료 타르트팬 1호 분량

아스파라거스 7~8개, 소금 약간, 식빵 4장, 버터 약간, 파마산치즈가루 적당히

키쉬 충전물

달걀 2개, 생크림 50g, 소금 1꼬집, 훈제 닭가슴살 30g, 양파 1/2개, 올리브유 약간

마늘크림치즈필링

마늘 0.5큰술, 꿀 0.5큰술, 크림치즈 1큰술

깨알 꿀 TIP

- 아스파라거스를 손질하는 방법은 가이드를 참고하세요(p.17).
- 마늘크림치즈필링은 미리 섞어 만들어두세요.
- 오븐은 190~200℃로 예열해두세요.

영양사의 Pick

- 아스파라거스는 비타민A와 C, K, 엽산, 철분의 함량이 매우 높은 식품이며 특히, 아스파라거스에 많이 들어있는 아스파라긴산(asparaginic acid)은 피로회복과 알코올 해독에 좋은 역할을 해요.

1. 깨끗이 씻은 아스파라거스는 밑동을 2cm 정도 자르고 필러를 사용해 껍질을 벗긴 뒤, 끓는 물에 소금을 넣고 살짝 데칩니다.
2. 키쉬 충전물을 만듭니다. 팬에 올리브유를 두르고 채 썬 양파와 깍둑썰기한 훈제 닭가슴살을 넣어 볶습니다.
3. 볼에 달걀과 생크림, 볶은 양파와 닭가슴살을 넣은 뒤 소금으로 간을 맞춥니다.
4. 식빵의 테두리를 자르고 밀대로 얇게 밀어냅니다.
5. 타르트팬에 버터를 골고루 바르고, 밀대로 민 식빵을 밀착시켜 파이지를 만듭니다.
6. 분량의 마늘크림치즈필링 재료를 모두 섞어 식빵 위에 골고루 바릅니다.
7. 파이지에 충전물을 붓고 아스파라거스를 올린 후, 190~200℃ 오븐에서 15분간 굽고 파마산치즈가루를 뿌리면 완성입니다.

새우 진주완자

중국음식인 진주완자는 완자에 찹쌀가루를 입혀 쪄낸 요리로 모양이 마치 진주 같아서 지어진 이름이에요. 만드는 과정이 어렵지 않은데다가 모양은 예쁘고, 이색적인 음식인데도 맛이 정말 좋아 손님 초대 요리로 안성맞춤이랍니다.

재료 2~3인분

찹쌀 1컵, 다진 돼지고기 300g, 표고버섯 3개, 양파 1/2개, 새우살 150g, 다진 파 3큰술, 전분 2큰술

완자양념
굴소스 1큰술, 소금 0.5작은술, 생강즙(생강가루) 1작은술, 맛술 2큰술, 참기름 1큰술, 후춧가루 약간

소스
간장 1작은술, 식초 2작은술, 설탕 1작은술, 두반장 2작은술, 물 2작은술, 참기름 0.5작은술, 다진 파 1큰술

깨알 꿀 TIP
- 완자를 빚을 때는 숟가락을 이용해도 되고 편하게 손으로 굴려 빚어도 좋아요.
- 완자를 찌는 동안 곁들이는 소스를 준비해두면 시간을 절약할 수 있어요.
- 완성된 진주완자는 깻잎을 채 썰어서 함께 먹으면 어울림이 좋아요.

영양사의 Pick
- 새우는 셀레늄, 칼슘이 풍부해 면역력 강화에 유익한 식품이며, 소화가 잘되고 위벽 보호에 도움이 되는 찹쌀과 궁합이 좋아요. 또한 필수아미노산과 비타민B₁이 풍부한 돼지고기와 함께 섭취하면 영양균형을 이룰 수 있어요.

1. 찹쌀은 2~3시간 전에 미리 물에 불리고 체에 받쳐 물기를 뺍니다.
2. 표고버섯과 양파, 새우는 잘게 다져 준비합니다.
3. 볼에 다진 돼지고기와 다진 표고버섯, 양파, 새우를 넣고 다진 파와 분량의 양념재료, 전분을 넣고 잘 치댑니다.
4. 손으로 반죽을 쥐고 엄지와 검지를 이용해 반죽을 밀어내듯 짜서 작고 동그란 완자를 만듭니다.
5. 물기를 제거한 불린 찹쌀 위에 완자에 굴려 찹쌀옷을 입힙니다.
6. 찜기에 올려 15분간 찐 뒤, 소스와 곁들이면 완성입니다.

마늘보쌈

육즙 가득하게 삶아낸 수육 위에 달콤한 마늘소스를 올린 마늘보쌈은 부추무침과 곁들여 먹으면 정말 맛있어요. 수육을 삶을 때 고기의 겉면을 센불로 바삭하게 구운 다음 삶으면 육즙이 살아있고 더욱 고소하답니다. 마늘소스 만들기도 생각보다 간단해요.

재료 2~3인분

수육용 삼겹살 600g, 양파 1/2개, 파 1개, 통후추 6~7알, 생강 1개, 된장 1큰술, 통마늘 4~5개

부추무침

부추 1줌(50g), 양파 1/2개, 간장 1큰술, 식초 1큰술, 매실효소 1큰술, 고춧가루 1큰술, 참기름 1/2큰술

마늘소스

다진 마늘 6큰술, 꿀 4큰술, 매실효소 1큰술, 식초 3큰술, 연겨자 1작은술, 소금 2꼬집, 식물성오일 2큰술

깨알 꿀 TIP

- 고기에 윤기를 더하고 싶으면 인스턴트 커피 1작은술을 넣어 같이 삶아주세요.
- 고기를 삶을 때 처음 10분은 뚜껑을 열고 삶아 잡내가 날아가게 하고, 10분 후에 뚜껑을 덮어주세요.
- 고기를 한 번 굽고 삶으면 수육의 식감이 쫄깃해지고, 반대로 한 번 삶은 뒤 구우면 겉면이 고소한 수육이 된답니다.

영양사의 Pick

- 돼지고기에는 티아민(thiamin)이 풍부하게 들어 있는데, 우리 몸에 효과적으로 이용되기 위해서는 알리신(Allicin)이 다량 함유되어 있는 마늘과 함께 섭취하는 것이 좋아요. 마늘의 알리신이 티아민의 체내 흡수를 높여주는 역할을 한답니다.

1. 마늘소스를 만듭니다. 팬에 식물성오일을 두르고 다진 마늘을 넣어 약불로 살짝 볶습니다.
2. 꿀을 넣어 1분간 약불로 끓입니다.
3. 꿀을 넣은 마늘을 한 김 식힌 뒤 매실효소와 식초, 연겨자, 소금을 넣어 섞으면 완성입니다.
4. 수육용 삼겹살은 핏물을 뺀 뒤 달아오른 팬에 올려 센불로 고기의 겉면을 노릇노릇해질 때까지 굽습니다.
5. 냄비에 고기를 넣은 뒤 고기가 잠길 정도로 물을 붓고, 양파, 파, 통후추, 생강, 된장, 통마늘을 넣고 센불에서 30분, 약불에서 20분간 삶습니다.
6. 고기를 삶는 동안 부추와 분량의 재료를 넣고 부추무침을 만듭니다.
7. 잘 삶은 고기를 꺼내 먹기 좋은 크기로 썰고 고기 위에 마늘소스를 듬뿍 올려 부추무침을 곁들이면 완성입니다.

토마토 묵은지 등갈비찜

토마토와 묵은지, 언뜻 보면 어울리지 않을 것 같은 조합이지만 토마토가 들어가는 순간 마법 같이 깊은 맛이 나요. 은은하고 풍미 깊게 당기는 맛이 특징인 토마토 묵은지 등갈비찜의 매력에 빠져보세요. 등갈비 대신 기름기가 적은 돼지고기를 넣어도 맛있어요.

재료 2~3인분

등갈비 600g, 묵은지 1포기, 된장 1큰술, 생강즙 1큰술(생강 1톨), 맛술(청주) 2~3큰술, 토마토 1개, 물 3.5컵, 파 1줌

등갈비 밑간
고춧가루 2큰술, 간장 2큰술, 새우젓 1큰술, 맛술 2큰술, 다진 마늘 1큰술

깨알 꿀 TIP

- 등갈비를 삶을 때 통후추나 월계수잎을 더해도 좋아요.
- 등갈비는 미리 핏물을 빼주어야 잡내가 사라져요.
- 등갈비의 핏물을 뺄 시간이 부족할 땐 설탕 1큰술을 넣고 30분 정도 담갔다가 쌀뜨물에 10분 정도 담근 후 사용하세요.
- 등갈비를 미리 밑간해서 재워두면 고기에 간이 배어 더 맛있어요.

영양사의 Pick

- 토마토는 칼륨과 항산화제 역할을 하는 베타카로틴(β-carotene)과 비타민C의 함량이 매우 높으며 항암작용에 우수한 라이코펜(lycopene)이 풍부한 식품이에요. 또한 묵은지 역시 항암효과가 높아 우리 몸에 매우 유익해요.

1. 등갈비는 미리 4시간 정도 찬물에 담가 핏물을 제거합니다. 이때 2시간마다 물을 갈아주는 것이 좋습니다.
2. 냄비에 등갈비가 잠길 정도로 물을 붓고 된장과 생강즙, 맛술을 넣고 10분간 삶은 뒤, 깨끗하게 씻어 체에 밭쳐 물기를 뺍니다.
3. 묵은지는 물에 살짝 씻어 양념을 털고, 삶은 등갈비는 분량의 밑간 재료를 넣고 섞어 재입둡니다.
4. 토마토는 깨끗하게 씻어 먹기 좋은 크기로 자르고, 파도 작게 썰어 준비합니다.
5. 한번 씻어낸 묵은지로 재워둔 등갈비를 돌돌 말아 냄비에 넣고, 물을 부어 끓입니다.
6. 국물이 1/3정도 졸아들면 토마토와 파를 넣고 토마토의 깊은 맛이 우러날 때까지 끓이면 완성입니다.

PART 5 · 건강한 특별요리

해물찜

외식 메뉴로 항상 빠지지 않는 해물찜이에요. 간혹 해물보다 콩나물이 더 많이 들어있어 실망했던 적 있으시죠? 집에서 만들어 먹으면 좋아하는 해물을 마음껏 넣을 수 있어서 훨씬 더 좋답니다. 해물찜 하나 푸짐하게 만들어 놓으면 다른 반찬은 필요 없어요.

재료 3인분

오징어 1마리, 낙지 2마리, 꽃게 1마리, 육수 2/3컵, 콩나물 400g, 미나리 1줌, 식초 2큰술, 식용유 1.5큰술, 다진 마늘 1큰술, 다진 파 1큰술, 소금 1꼬집, 감자전분 1.5큰술, 물 1.5큰술

육수
물 2컵, 황태머리 1개, 건새우 1줌

양념장
간장 4큰술, 된장 0.5큰술, 굴소스 1큰술, 설탕 1큰술, 고운 고춧가루 3.5큰술

깨알 꿀 TIP
- 황태머리가 없다면 멸치와 다시마로 진하게 육수를 내 사용해도 좋아요(p.10).
- 꽃게손질법(p.20)과 낙지손질법(주꾸미 손질법 p.21)은 가이드를 참고하세요.
- 양념장은 미리 만들어 숙성시킨 다음에 사용하면 더 맛이 좋아요.

영양사의 Pick
- 오징어나 낙지가 콜레스테롤 수치를 높인다는 얘기가 있지만, 사실 건강한 사람일 경우 식사를 통해 섭취한 콜레스테롤의 양이 혈중콜레스테롤 수준에는 거의 영향을 미치지 않아요. 오히려 육류보다 지방의 함량이 적기 때문에 체중조절에 도움이 될 수 있답니다.

1. 오징어는 분량 외의 굵은 소금으로 문질러 깨끗하게 씻고, 꽃게와 낙지도 손질합니다.
2. 오징어는 껍질을 벗겨 칼집을 내고 굵게 썰어줍니다. 낙지도 마찬가지로 먹기 좋은 크기로 썹니다.
3. 콩나물은 머리를 떼고, 미나리는 식초를 넣은 물에 담갔다가 깨끗이 헹궈 콩나물과 같은 길이로 썰어 준비합니다.
4. 냄비에 물을 붓고, 황태머리와 건새우를 넣어 육수를 만듭니다.
5. 분량의 양념장 재료를 섞고, 감자전분과 물을 섞어 녹말물을 만듭니다.
6. 팬에 식용유를 두르고 다진 마늘과 파를 넣고 향이 올라올 때까지 볶습니다.
7. 오징어와 낙지, 꽃게를 넣고 재빨리 한번 볶습니다.
8. 미리 만들어 놓은 양념장을 넣고 골고루 잘 섞습니다.
9. 육수와 콩나물, 미나리를 넣고 콩나물이 익을 때까지 섞다가 소금으로 간을 맞춥니다.
10. 마지막으로 녹말물을 넣어 농도를 맞추면 완성입니다.

토마토 홍합탕

진한 토마토와 홍합 그리고 매콤한 고추의 맛이 어우러져서 국물 한 스푼을 호로록 넘기는 순간 "아 맛있다"라는 소리가 절로 나오는 토마토 홍합탕입니다. 과정은 간단하지만 그 맛은 파티음식이나 술안주로 손색이 없어요.

재료 3인분

작은 토마토 2개(250g), 홍합 500g, 물 3.5컵, 올리브유 2큰술, 마늘 3~4개, 양파 1/2개, 페페론치노 6~7개, 시판 토마토소스 3큰술

1. 홍합은 서로 껍질끼리 문질러 이물질을 제거합니다.
2. 홍합 수염(족사)을 당겨서 제거합니다. 손질한 홍합은 뿌연 물이 나오지 않을 때까지 2~3번 씻어줍니다.
3. 마늘은 편으로 썰고 양파와 토마토는 잘게 다집니다.
4. 팬에 올리브유를 두르고 마늘과 양파, 페페론치노를 넣고 볶습니다.
5. 양파가 투명해지고 매콤한 마늘 향이 올라오면 잘게 다진 토마토를 넣고 살짝 볶습니다.
6. 물과 손질한 홍합을 넣고 끓이다가 홍합이 입을 벌릴 때 토마토소스를 넣고 한 번 더 끓여내면 완성입니다.

깨알 꿀 TIP

- 홍합의 시원한 맛을 위해 따로 간을 하지 않는 것이 좋아요.

영양사의 Pick

- 홍합은 단백질과 비타민, 무기질이 포함된 식품이며 특히 철분이 많이 들어있어요. 철분은 혈액에 존재하는 멜라닌 색소와 함께 자외선으로부터 피부를 보호해주고 열량과 지방함량이 낮아 여성분들에게 아주 좋답니다.

문어강정

오동통한 문어로 만든 문어강정은 바삭한 튀김에 쫄깃한 문어가 매력 만점이랍니다. 문어가 없다면 건조 문어를 불렸다가 사용해도 좋고, 오징어로 대체할 수도 있어요. 어니언 크림소스를 얹고 시판용 스위트 칠리소스를 함께 뿌리면 정말 맛있는 문어강정을 만날 수 있답니다.

재료 3인분

데친 문어 300g, 식물성오일 2컵, 전분가루(밀가루) 3큰술, 가쓰오부시 적당히, 시판용 스위트 칠리소스 약간

튀김반죽
튀김가루 1컵, 물 1컵, 식용유 3큰술

어니언 크림소스
다진 양파 2큰술, 다진 마늘 1큰술, 마요네즈 3큰술, 플레인 요거트 4큰술, 다진 레몬껍질 1큰술, 올리고당이나 꿀 1큰술, 소금 1꼬집, 파슬리가루 약간

깨알 꿀 TIP

- 문어를 손질하는 방법은 가이드를 참고하세요(p.22).
- 어니언 크림소스에 들어가는 레몬껍질이 없다면 레몬즙 1큰술로 대체 가능해요.
- 튀김반죽에 식용유를 넣고 냉동실에 10분 정도 두어 차갑게 만들면 튀김이 더욱 바삭해져요.
- 문어에 전분가루를 묻힐 때 위생비닐에 문어와 전분가루를 넣고 흔들면 쉽게 묻힐 수 있어요.

영양사의 Pick

- 문어에는 타우린(taurine)이 풍부하게 들어있어 혈액 속 콜레스테롤 생성을 방해하고 혈액순환에 도움을 주어 심혈관 질환에 도움이 돼요. 또한 피로 회복에도 좋아요.

1. 작은 볼에 분량의 어니언 크림소스 재료를 모두 넣어 섞고, 손질한 문어는 손가락 두 마디 정도로 도톰하게 썰어 준비합니다.
2. 분량의 튀김반죽 재료를 섞어 냉동실에 10분간 두고, 문어에는 전분가루를 묻힙니다.
3. 냉동실에 넣어둔 차가운 반죽에 문어를 넣고 반죽옷을 입힙니다.
4. 팬에 식물성오일을 넣고 문어를 튀깁니다. 바삭하게 튀겨낸 문어 위에 미리 만들어둔 어니언 크림소스와 시판용 스위트 칠리소스를 섞어 뿌리고 가쓰오부시를 올리면 완성입니다.

PART 5 · 건강한 특별요리

표고버섯깐풍기

표고버섯의 향이 솔솔 나는 표고버섯깐풍기는 바삭한 튀김 그리고 매콤한 깐풍기소스가 어우러진 별미 중 별미랍니다. 표고버섯의 향도 좋고 식감도 정말 좋은 요리이니 손님초대상이나 생일상 차림에 강추해요.

재료 3인분

표고버섯 200g, 튀김가루 3~4큰술, 식물성오일 2컵

튀김반죽
튀김가루 1컵, 물 1컵, 식용유 3큰술

깐풍기소스
양파 1/2개, 홍고추 1개, 청양고추 1개, 고추기름 2큰술, 간장 2큰술, 굴소스 1큰술, 올리고당 1.5큰술, 식초 1.5큰술, 맛술 1큰술, 물 1큰술

깨알 꿀 TIP

- 튀김반죽에 식용유를 넣고 냉동실에 10분 정도 두어 차갑게 만들고 2번 튀기면 튀김이 더욱 바삭해져요.
- 고추기름을 만드는 방법은 가이드를 참고하세요(p.12).

영양사의 Pick

- 표고버섯은 단백질과 미네랄, 비타민이 풍부한데, 특히 비타민B_1과 비타민B_2는 채소의 두 배이며 필수아미노산을 다양하게 함유하고 있어요. 또한 비타민D의 전구체인 에르고스테롤(ergosterol)이 풍부해 혈중 콜레스테롤 수치를 낮출 수 있어요.

1. 표고버섯은 면보나 키친타월을 이용해 지저분한 곳을 닦아낸 뒤 기둥을 살살 흔들어 떼어내고 밑동은 자릅니다. 홍고추와 청양고추, 양파는 다져서 준비합니다.
2. 손질한 표고버섯은 먹기 좋은 크기로 자릅니다.
3. 위생비닐에 튀김가루와 표고버섯을 넣고 흔들어 튀김가루를 골고루 묻힙니다.
4. 볼에 분량의 튀김반죽 재료를 넣고 섞은 뒤, 표고버섯을 넣어 튀김옷을 입힙니다.
5. 팬에 식물성오일을 붓고 표고버섯을 바삭하게 튀깁니다.
6. 깐풍기소스를 만듭니다. 팬에 고추기름을 두르고 다진 양파와 고추를 볶아 향을 냅니다.
7. 깐풍기소스의 나머지 재료를 모두 넣고 끓입니다.
8. 소스가 끓어오르면 튀긴 표고버섯을 넣고 빠르게 양념을 입히면 완성입니다.

PART 5 • 건강한 특별요리

가지탕수

가지탕수가 생소한 분들이 많으시겠지만 가지를 튀겨내면 마치 연한 생선살을 먹는 듯한 느낌이 들어요. 겉은 바삭하고 안은 부드러운 가지튀김 위에 새콤달콤한 탕수소스를 곁들여 드셔보세요. 고기 탕수육이 부럽지 않답니다.

재료 3인분

가지 2개, 오이 1/2개, 당근 1/3개, 양파 1/4개, 파프리카 1/2개, 식물성오일 2컵, 튀김가루 2큰술, 녹말(감자전분) 2큰술, 물 4큰술

튀김반죽
튀김가루 1컵, 물 1컵, 식용유 3큰술

탕수소스
간장 2큰술, 굴소스 1큰술, 설탕 5큰술, 식초 4큰술, 물 1컵

깨알 꿀 TIP
- 튀김반죽에 식용유를 넣고 냉동실에 10분 정도 두어 차갑게 만들고 2번 튀기면 더욱 바삭해져요.

영양사의 Pick
- 안토시아닌(anthocyanin)이 풍부한 가지는 지방질을 흡수할 뿐만 아니라 혈관 속 노폐물을 배출시키고 심장질환과 뇌졸중 예방에 도움이 돼요.

1. 가지는 먹기 좋은 크기로 썰어 준비합니다.
2. 양파, 오이, 파프리카, 당근 등 탕수소스에 들어갈 채소를 썰어 준비합니다.
3. 냄비에 식물성오일을 약간 두르고 채소를 먼저 볶습니다.
4. 볼에 분량의 탕수소스 재료를 섞어 볶은 채소에 붓고 끓이다가, 녹말과 물을 섞은 녹말물을 조금씩 넣어 농도를 맞춥니다.
5. 위생비닐에 튀김가루와 가지를 넣고 흔들어 튀김가루를 골고루 묻힙니다.
6. 분량의 튀김반죽 재료를 잘 섞어 냉동실에 10분 정도 두었다가 꺼낸 뒤, 가지를 넣고 튀김옷을 입힙니다.
7. 팬에 식물성오일을 넣고 가지를 튀긴 뒤, 미리 만들어둔 탕수소스를 부으면 완성입니다.

브로콜리 연어크림크로켓

처음 크림크로켓 먹었을 때 그 부드러운 맛에 빠져 감탄사가 절로 나왔었어요. 사실 과정이 간단하지는 않지만 결과물이 과정의 수고로움을 보상해주기 때문에 저는 꼭 베샤멜소스를 만들어 넣는답니다. 바삭함 속에 부드러움이 가득한 크림크로켓의 맛에 빠져보세요.

재료 3인분

감자 5개(100g), 브로콜리 1/2송이, 연어통조림 1캔(70g), 소금 1작은술, 밀가루 6~7큰술, 달걀 2개, 빵가루 200g, 식물성오일 2컵

베샤멜소스
버터 60g, 밀가루 60g, 우유 2컵

곁들임 소스
다진 양파 1큰술, 플레인 요거트 1큰술, 마요네즈 3큰술, 꿀 1큰술, 파슬리가루 약간

1. 잘 씻은 브로콜리는 소금물에 데쳐 잘게 다집니다.
2. 연어통조림은 기름을 제거하고, 감자는 쪄서 껍질을 벗기고 으깹니다.
3. 베샤멜소스를 만듭니다. 팬에 버터를 넣고 녹인 다음, 밀가루를 2~3번 나눠 넣으며 갈색이 되도록 볶습니다.
4. 불을 약불로 줄이고 우유를 나눠 넣으며 덩어리가 없도록 거품기로 저어가며 걸쭉하게 만듭니다.
5. 완성된 베샤멜소스에 다진 브로콜리와 연어통조림, 으깬 감자, 소금을 넣고 잘 섞은 뒤 불에서 내립니다.
6. 납작한 용기에 크림크로켓 반죽을 넣고 평평하게 만들어 냉동실에 30~40분간 넣어 굳힌 뒤, 나이프나 젓가락을 이용해 작게 분할합니다.
7. 분할한 반죽을 타원형으로 만들고 밀가루, 달걀, 빵가루 순서로 입힙니다.
8. 팬에 식물성오일을 붓고 바삭하게 튀기면 완성입니다. 곁들임 소스를 만들어 함께 먹으면 더욱 좋습니다.

깨알 꿀 TIP
- 감자는 작게 잘라 전자레인지에 5~6분 정도 돌리면 빨리 익어요.
- 감자에 덩어리가 없어야 부드러우니 섞으면서 덩어리는 꾹꾹 눌러 으깨주세요.
- 취향에 따라 크림크로켓 반죽 안에 치즈를 넣어 튀겨도 좋아요.

영양사의 Pick
- 브로콜리는 비타민C와 베타카로틴(β-carotene) 등 항산화 물질이 풍부해 노화와 암, 심장병 등 생활습관병을 예방해요. 브로콜리와 뇌 활동을 좋게 하는 DHA가 풍부한 연어를 함께 먹으면 영양밸런스를 맞출 수 있어요.

훈제오리냉채

톡 쏘는 마늘겨자소스와 훈제오리, 아삭아삭한 채소를 함께 먹는 훈제오리냉채입니다. 냉채 소스만 미리 만들어두면 뚝딱 들어지는 요리예요. 준비하는 시간은 짧지만 완성된 요리는 무척이나 근사해 손님초대 메뉴로 아주 좋답니다.

재료 4인분

훈제오리고기 250g, 물 1컵, 맛술(정종) 2큰술, 부추 1줌, 당근 1/3개, 양파 1/2개, 오이 1/2개, 파프리카 1/2개

마늘겨자소스
간 마늘 2큰술, 연겨자 1.5~2큰술, 설탕 3큰술, 식초 6큰술, 간장 1큰술, 참기름 1작은술

깨알 꿀 TIP
- 마늘겨자소스는 미리 만들어 냉장고에 넣어두면 맛이 부드러워져요.
- 훈제오리를 찌면 기름기도 빠져나가고 식어도 촉촉해요. 맛술을 약간 넣고 찌면 식은 뒤 잡내도 나지 않는답니다.

영양사의 Pick
- 오리고기는 육류 중 드문 알칼리성 식품으로 많이 섭취하면 대사 조절 기능이 높아져 몸 안에 쌓이는 오염물질을 제거해요. 또한 칼슘과 인, 철, 칼륨 등의 미네랄과 양질의 단백질이 아주 풍부한 식품이에요.

1. 채소는 모두 채 썰어 준비합니다. 특히 부추는 오리와 어울림이 좋으니 같이 준비합니다.
2. 볼에 분량의 마늘겨자소스 재료를 모두 넣고 섞습니다. 연겨자는 기호에 따라 조절합니다.
3. 냄비에 물과 맛술을 넣고 찜기를 올려 훈제오리를 넣습니다. 물이 끓기 시작하면 3~4분간 더 찌고 한 김 식힌 후, 채소와 소스를 곁들이면 완성입니다.

토마토 컵밥

빨간 토마토 안에 매콤한 고추장 소스와 소고기를 곁들인 볶음밥을 채워 넣고 고소한 치즈를 얹어 구워낸 토마토 컵밥입니다. 모양도 예쁘고 맛도 좋아 아이들 간식은 물론 파티 요리로도 아주 좋아요. 익힌 토마토가 건강에 더 좋다는 것은 모두 알고 계시죠? 맛과 건강을 한 번에 사로잡은 토마토 컵밥, 함께 드실래요?

재료 2인분

토마토 4개, 밥 1.5공기, 다진 소고기 100g, 양파 1/4개, 브로콜리 2~3송이, 올리브오일 1큰술, 모차렐라치즈 약간

볶음밥 양념
고추장 1.5큰술, 간장 1큰술, 다진 마늘 0.5큰술, 맛술 2큰술, 설탕 0.3큰술, 참기름 0.5큰술

깨알 꿀 TIP

- 토마토 대신 파프리카를 이용해 만들어도 좋아요.
- 볶음밥 재료는 냉장고 안의 자투리 채소를 넣어 응용해 보세요.
- 오븐은 180℃로 예열해두세요.

영양사의 Pick

- 토마토에 풍부한 라이코펜(Lycopene)은 가열할수록 더욱 활성화되어 우리 몸에 쉽게 흡수되기 때문에 생과보다는 기름에 볶아서 먹는 것이 좋아요. 또한 소고기와 함께 먹으면 토마토에 부족한 필수아미노산을 보완할 수 있어요.

1. 토마토는 깨끗하게 씻어 윗면을 자르고, 숟가락을 이용해 속을 파냅니다.
2. 양파와 브로콜리, 자른 토마토의 윗면은 다지고, 파낸 토마토 속도 같이 준비합니다.
3. 팬에 올리브오일을 두르고 양파와 브로콜리를 볶다가, 토마토와 다진 소고기를 넣고 잘 볶습니다.
4. 분량의 볶음밥 양념을 모두 넣고 섞은 뒤, 밥을 넣어 양념이 골고루 묻도록 잘 볶습니다.
5. 속을 파낸 토마토 안에 볶음밥을 넣습니다.
6. 위에 모차렐라치즈를 올리고 180℃ 오븐에서 15분간 구우면 완성입니다.

연어 오이롤초밥

연어통조림과 오이만 있으면 손님 초대용 음식으로 손색없는 연어 오이롤초밥을 만들 수 있어요. 모양만큼이나 맛도 좋은 롤초밥은 남녀노소 누구에게나 인기 만점인 핑거푸드랍니다.

🍴 재료 4인분

오이 2개, 소금 약간, 밥 2공기

배합초
식초 4큰술, 설탕 2큰술, 소금 2작은술

연어샐러드
연어통조림 1개, 다진 양파 2~3큰술, 마요네즈 3큰술, 머스터드 1큰술, 레몬즙 약간

깨알 꿀 TIP

- 오이 1개 기준으로 롤초밥이 10~13개 정도 나와요.
- 오이에 소금을 뿌려 살짝 절인 뒤 사용하면 오이를 감을 때 훨씬 잘 감겨요.
- 완성된 롤초밥 위에 무순이나 새싹채소를 올리면 더욱 모양이 예뻐요.

영양사의 Pick

- 수분 함량이 많은 오이는 비타민 A와 C가 풍부해 피부 건강에 좋아요. 또한 오이 속 칼륨은 체내의 나트륨과 노폐물을 배출해 몸을 맑게 하는 효과가 있답니다.

1. 필러를 이용해서 오이를 얇게 슬라이스해 소금에 살짝 절인 뒤, 키친타월로 물기를 제거합니다.
2. 연어통조림은 기름을 빼고, 양파는 다져서 준비합니다.
3. 볼에 연어통조림과 양파, 마요네즈, 머스터드, 레몬즙을 넣고 잘 섞어 연어샐러드를 만듭니다.
4. 볼에 배합초 재료를 모두 넣어 전자레인지에 20초 정도 돌리고 그 다음부터는 설탕이 녹을 때까지 10초씩 돌립니다.
5. 밥에 배합초를 넣고 잘 섞습니다. 이때 밥알이 으깨지지 않도록 주의합니다.
6. 밥을 작은 타원형으로 만들어 물기를 제거한 오이로 돌돌 말아 감싸고, 위에 연어샐러드를 가득 올리면 완성입니다.

PART 5 • 건강한 특별요리

검은깨 아몬드롤초밥

고소함의 대명사! 검은깨와 아몬드가 들어가 두 배로 고소한 검은깨 아몬드롤초밥을 소개합니다. 톡톡 씹히는 검은깨가 재미있는 식감을 선사하는데요. 맛도 좋고 영양도 가득 담겨 있는 특별한 음식이에요.

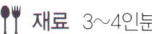
재료 3~4인분

밥 3공기, 볶은 아몬드슬라이스 40g, 김밥 김 4장, 검은깨 50~60g

배합초
식초 5.5큰술, 설탕 4큰술, 소금 2작은술

속재료
당근 1/2개, 오이 2/3개, 식초 2작은술, 설탕 2작은술, 소금 0.5작은술, 크래미 140g, 마요네즈 3큰술, 머스터드 1큰술

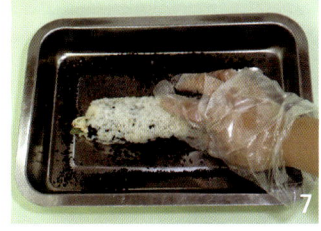

깨알 꿀
- 밥에 다시마(4×4) 1장을 넣고 고슬고슬하게 지어주세요.
- 아몬드슬라이스는 한 번 볶아 전처리하면 잡내도 사라지고 고소함도 배가 돼요.

영양사의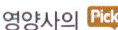
- 검은깨는 필수지방산이 풍부하며 알파리놀렌산(α-linolenic acid)과 올레인산(oleic acid)의 불포화지방산이 혈중 콜레스테롤을 낮춰 동맥경화를 예방할 수 있어요. 또한 아몬드에는 비타민E가 풍부해 성인병을 억제하고 노화를 늦추는 효과가 있어요.

1. 오이는 2등분해 양쪽 끝과 씨를 자른 다음 얇게 채 썰고, 당근도 채 썰어 준비합니다.
2. 오이와 당근에 식초와 설탕, 소금을 넣고 10~15분 정도 절여둡니다.
3. 절인 오이와 당근은 물기를 제거하고 크래미는 잘게 찢은 뒤, 마요네즈와 머스터드를 넣고 섞어 속재료를 만듭니다.
4. 볼에 배합초 재료를 모두 넣어 전자레인지에 20초 정도 돌리고 그 다음부터는 설탕이 녹을 때까지 10초씩 돌린 뒤, 밥에 넣고 골고루 섞습니다.
5. 종이호일 위에 김밥 김을 올리고 전체적으로 밥을 얇게 폅니다.
6. 김을 반대로 뒤집어 속재료를 가득 넣고 타이트하게 말아줍니다.
7. 검은깨를 롤초밥의 겉면에 묻히고 자른 뒤, 볶은 아몬드슬라이스를 올리면 완성입니다.

PART 5 · 건강한 특별요리

딸기크림소스 닭가슴살 치즈롤

아마 이 요리가 120개의 레시피 중에 가장 어렵지 않을까 싶은데요. 그만큼 맛에 자신이 있는 요리이기도 하답니다. 담백한 닭가슴살 사이에 고소한 치즈와 견과류를 넣어 돌돌 말아 굽고, 여기에 상큼하고 부드러운 딸기크림소스를 얹으니 그 맛은 정말 상상 그 이상이에요. 이러니 제가 자신이 없을 수가 없겠지요?

재료 2~3인분

닭가슴살 3개(300g), 스트링치즈 3개, 건크랜베리(건블루베리) 30g, 아몬드분태 30~40g, 밀가루 1/2컵, 달걀 1개, 빵가루 1컵, 식물성오일 약간

닭가슴살 밑간
맛술 5~6큰술, 소금 1꼬집, 후추 약간

딸기크림소스
생크림(시판 크림스파게티소스) 90g, 딸기잼 1큰술, 레몬즙(식초) 1작은술, 소금 1꼬집

깨알 꿀 TIP
- 닭에 밑간을 하기 전에 우유 1/2컵을 뿌려 20~30분간 재운 뒤 깨끗하게 씻어 조리하면 잡내가 없어져요.
- 닭가슴살의 크기가 너무 작으면 방망이로 살짝 두드리거나 밀대로 밀어 크기를 조절하세요.
- 오븐은 180~190℃로 예열해두세요. 오븐이 없다면 튀겨도 상관없어요.

영양사의 Pick
- 딸기에는 피로 회복과 해독작용에 관여하는 비타민C와 혈액 순환에 도움이 되는 칼륨, 철분이 많아 신경계를 안정시키고, 항산화 물질인 안토시아닌(anthocyanin)이 풍부해 몸속 활성산소로부터 혈관을 보호해줘요.

 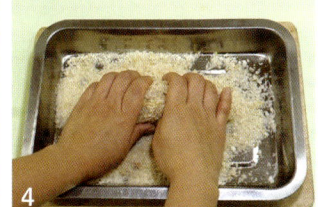

1. 닭가슴살은 중간 부분에 칼을 넣고 끝 부분을 1cm 정도 남기고 잘라 포를 뜹니다.
2. 포를 뜬 닭가슴살을 펼쳐 밑간 재료를 뿌리고 10~20분간 재워둡니다.
3. 닭가슴살에 스트링치즈와 건크랜베리, 아몬드분태를 올려 돌돌 말고 풀리지 않도록 꼬치를 끼웁니다.
4. 그 상태 그대로 밀가루, 달걀, 빵가루 순서로 튀김옷을 입힙니다. 빵가루를 입힌 다음엔 꾹꾹 눌러 모양을 고정시킵니다.
5. 닭가슴살 치즈롤을 팬 위에 올리고 식물성오일을 꼼꼼히 발라, 180~190℃ 오븐에서 30~35분간 굽습니다.
6. 굽는 동안 냄비에 분량의 딸기크림소스 재료를 모두 넣고 끓입니다. 소스가 절반 정도 줄어들면 불을 끄고 닭가슴살 치즈롤에 곁들이면 완성입니다.

PART 5 • 건강한 특별요리

야생블루베리 목살스테이크

야생블루베리소스를 곁들인 목살스테이크예요. 바삭하게 구워낸 목살 위에 새콤달콤한 블루베리소스를 얹으면 은은하면서도 풍미 가득한 고급스러운 목살스테이크가 된답니다. 기분 내고 싶은 날, 혹은 특별한 날 어렵지 않게 레스토랑 분위기 낼 수 있어요.

🍴 재료 2~3인분

목살 360g(120g 3덩이), 채 썬 양파 1개, 올리브유 약간, 부침가루(밀가루) 2큰술

고기 밑간
올리브유 3큰술, 소금 2꼬집, 후춧가루 약간

블루베리소스
야생블루베리 1컵, 포도주 200g, 간장 1.5큰술, 설탕 1.5큰술, 레몬즙 1.5큰술

깨알 꿀 TIP
- 야생블루베리가 없다면 일반 블루베리를 믹서에 살짝 갈아 사용해도 좋아요.
- 포도주는 저렴한 것을 이용하면 되고, 레몬즙 대신 식초를 사용해도 돼요.
- 목살을 소스에 졸일 때는 소스를 끼얹어가며 속까지 충분히 배도록 바짝 졸여주세요.

영양사의 Pick
- 블루베리에 풍부한 안토시아닌(anthocyanin)은 시력개선 및 기억력 향상에 도움을 주며, 소장에서 당과 콜레스테롤의 흡수를 억제하고 장내에 쌓이는 유해물질을 차단하여 대장암 예방에 효과적이에요.

1. 목살은 칼등을 이용해 두드리고 올리브유와 소금, 후춧가루를 뿌려 30분~2시간 정도 재웁니다.
2. 밑간한 목살의 앞뒤로 부침가루를 골고루 묻힙니다.
3. 야생블루베리를 준비하고, 포도주와 간장, 설탕, 레몬즙을 넣어 소스를 만듭니다.
4. 올리브유를 살짝 두르고 채 썬 양파를 볶아 접시에 담아둡니다.
5. 양파를 볶은 팬에 목살을 굽습니다. 처음엔 센불로 앞뒤를 한 번씩 굽고, 핏물이 올라오면 불을 줄여 안까지 충분히 익힙니다.
6. 팬에 블루베리소스와 볶은 양파를 넣고 끓입니다. 소스가 끓기 시작하면 불을 중약불로 줄이고 2~3분간 졸이면 완성입니다.

SUPER FOOD

PART. 6
건강한 간식 & 디저트

근대 오믈렛(토르챠)
파래 치즈 찹쌀구이
크럼블 바나나 찹쌀파이
단호박 치즈 찹쌀파이
병아리콩 찹쌀 비스코티
오트밀 바나나 팬케이크
달걀 부추빵
인삼 크림치즈머핀
당근머핀(with 핫케이크가루)
콩가루 두부도넛(with 핫케이크가루)
가지 크로크무슈
비트크림치즈 오픈샌드위치
시금치 플랫브레드
구운 바나나 프렌치토스트
참치 와사비 샌드위치
닭가슴살 아보카도 샌드위치
로즈애플파이(with 만두피)
검은깨쿠키

녹차 스노우볼 쿠키
귀리 시리얼바
단호박 꿀구이
아스파라거스 튀김
허니버터 떡볶이
허니버터 병아리콩 스낵
연두부 망고푸딩
아보카도 과카몰리
녹차 스프레드
땅콩잼

근대 오믈렛(토르챠)

프랑스 남부지방인 니스(Nice)의 대표적인 음식이라 할 수 있는 토르챠는 근대와 달걀을 이용한 오믈렛으로, 우리의 빈대떡과 비슷한 음식이에요. 만드는 방법도 간단하고 어떤 재료와도 잘 어울려서 냉장고 속 자투리 재료들로도 충분히 만들 수 있답니다.

재료 2인분

근대 5장, 달걀 4개, 견과류 3큰술, 건베리류 2큰술, 슬라이스 치즈 1장, 파마산치즈가루 듬뿍, 올리브유 3큰술, 소금 약간

깨알 꿀 TIP
- 샐러드와 곁들이면 브런치로 즐길 수 있어요.

영양사의 Pick
- 초록색 채소에는 클로로필(Chlorophyll)이라는 파이토케미컬이 풍부해요. 이는 간세포 재생 및 신진대사를 원활하게 하여 피로 예방에 도움을 주는데요. 봄·겨울에 국으로만 즐기는 근대를 색다르게 즐겨보세요.

1. 깨끗이 씻어 물기를 제거한 근대와 슬라이스 치즈는 작게 자르고, 견과류는 다져서 준비합니다.
2. 볼에 달걀을 풀고, 올리브유를 제외한 모든 재료를 넣고 섞습니다. 이때 소금은 약간씩 넣어 간을 맞춥니다.
3. 팬에 올리브유를 넉넉히 두르고 팬이 달아오르면 중약불로 줄인 뒤, 섞어둔 달걀반죽을 붓습니다.
4. 앞뒤를 충분히 익힌 뒤 먹기 좋은 크기로 썰어내면 완성입니다.

파래 치즈찹쌀구이

일본식 무떡인 '다이콩모찌'는 무를 갈아 찹쌀가루와 섞어 지져 먹는 음식인데요. 그 음식을 보고 아이디어를 얻어 만들게 된 요리예요. 파래향이 가득한 찹쌀구이를 한 입 깨물면 안에 있는 모차렐라치즈가 쭈욱 늘어나 먹는 재미가 쏠쏠하답니다.

재료 6개 분량

건식찹쌀가루 130g, 모차렐라치즈 120g, 물 70g, 파래 60g, 다진 견과류 2큰술, 설탕 1.5큰술, 소금 1작은술, 식물성오일 약간, 고명용 대추와 해바라기씨(잣) 약간

깨알 꿀 TIP

- 파래 대신에 매생이를 넣고 만들어도 아주 별미예요.
- 건식찹쌀가루는 마트에서 판매하는 찹쌀가루이고, 방앗간에서 빻아온 찹쌀가루는 습식 찹쌀가루인데요. 습식 찹쌀가루를 사용하실 때는 물량을 더 적게 잡아야 해요.
- 고명으로 올릴 대추는 씨를 중심으로 살만 발라내 돌돌 말아 자르면 예쁜 꽃모양이 나와요.

영양사의 Pick

- 단백질과 칼슘의 함량이 매우 높은 치즈는 골격을 유지하고 골다공증을 예방하는데 도움이 되는 식품이에요. 또한 비타민A와 비타민B_2가 풍부하여 성장기 어린이에게도 좋아요.

3 4

5 6

1. 파래는 체에 받쳐 물에 살살 흔들어가며 3~4번 정도 헹굽니다.
2. 깨끗이 씻은 파래는 물기를 꼭 짜고 건식찹쌀가루와 다진 견과류, 설탕, 소금, 물을 넣어 반죽합니다.
3. 손으로 치대면서 반죽한 뒤, 여섯 등분으로 나눕니다.
4. 손에 반죽을 올려 넓적하게 펴고 모차렐라치즈를 넣어 치즈가 빠져나가지 않도록 꼭꼭 눌러 여밉니다.
5. 팬에서 굽기 쉽게 손바닥으로 반죽을 살짝 눌러 납작하게 만들고 대추와 해바라기씨를 눌러 붙여 장식을 합니다.
6. 팬에 식물성오일을 넉넉히 두르고 약불로 반죽이 타지 않게 앞뒤로 뒤집으며 바삭하고 노릇노릇하게 구우면 완성입니다.

PART 6 · 건강한 간식&디저트

크럼블 바나나 찹쌀파이

아이가 어렸을 때 제 손으로 만든 빵을 아이에게 먹이고 싶어서 밤마다 새로운 레시피를 연구하곤 했는데요. 그 중 하나가 바나나 크림치즈 찹쌀파이예요. 여기에 크럼블과 블루베리를 올려 업그레이드 하고, 설탕 대신 바나나, 밀가루 대신 찹쌀을 이용해서 건강까지 잡았답니다.

재료 1호 타르트 틀

바나나 3.5개, 건식찹쌀가루 200g, 버터 40g, 크림치즈 50g, 달걀 1개, 베이킹파우더 0.5작은술, 소금 2/3작은술, 건크랜베리 20g, 블루베리 20g, 토핑용 블루베리 25g

크럼블
버터 30g, 크림치즈 10g, 설탕 30g, 박력분 25g, 아몬드가루 15g

깨알 꿀 TIP
- 방앗간에서 빻아 수분을 먹은 가루는 습식 찹쌀가루예요. 마트나 베이킹 전문점에서 파는 찹쌀가루가 건식찹쌀가루랍니다.
- 버터와 크림치즈는 미리 상온에 꺼내두어 말랑한 상태가 되도록 해주세요.
- 크럼블을 두 배로 만들어 덧가루 대신 틀에 뿌리고 반죽을 채우면 아랫면까지 바삭하게 먹을 수 있어요.
- 오븐은 190℃로 예열해두세요.
- 찹쌀로 만든 파이이기 때문에 완전히 식어야 쫀득한 식감이 살아나요.

영양사의 Pick
- 찹쌀은 아밀로펙틴(amylopectin)으로만 구성된 것이 특징이며 소화가 잘될 뿐만 아니라 위벽을 자극하지 않고 위장을 보호하며 몸을 따뜻하게 해줘요. 또한 비타민B가 많아 면역기능과 신경계를 강화시켜요.

1. 크럼블을 만듭니다. 버터와 크림치즈를 부드럽게 풀어 마요네즈 형태가 되면 설탕을 넣고 설탕이 녹을 때까지 저어줍니다.
2. 박력분과 아몬드가루를 넣고 주걱으로 '#'을 그리며 자르듯이 섞습니다. 완성된 크럼블은 냉동실에 보관해둡니다.
3. 찹쌀파이 반죽을 만듭니다. 버터와 크림치즈를 섞어 마요네즈 형태가 되도록 합니다.
4. 달걀을 넣고 섞은 뒤 바나나를 넣어 덩어리지지 않도록 잘 섞습니다. 미리 바나나를 으깨 넣어도 좋습니다.
5. 건크렌베리와 블루베리를 넣고 섞다가 건식찹쌀가루와 베이킹파우더, 소금을 넣고 되직한 반죽을 만듭니다.
6. 타르트 틀에 여분의 오일이나 버터를 꼼꼼하게 바르고 분량 외의 덧가루를 골고루 뿌립니다.
7. 틀에 반죽을 채우고 미리 준비한 크럼블의 2/3를 골고루 뿌립니다.
8. 그 위에 토핑용 블루베리를 올리고 남은 크럼블을 모두 올린 뒤 190℃에서 20분 굽고 온도를 180℃로 낮춘 뒤 20~25분간 더 구워 식히면 완성입니다.

PART 6 · 건강한 간식&디저트

단호박 치즈찹쌀파이

LA찹쌀파이라고 불리는 오븐 찹쌀파이의 프라이팬 버전을 소개할게요. 단호박을 듬뿍 넣고 얇게 부쳐서 치즈 없이 담백하게 드셔도 맛있고, 치즈와 견과류를 듬뿍 올려 드셔도 정말 맛있답니다.

재료 2장 분량

건식찹쌀가루 250g, 찐 단호박 100g, 다진 견과류 40g, 버터 50g, 설탕 50g, 소금 0.5작은술, 베이킹파우더 0.5작은술, 달걀 1개, 식물성오일 0.5큰술, 토핑용 견과류 약간, 모차렐라치즈 1컵

깨알 꿀 TIP

- 반죽에 다진 견과류를 넣어 만들지만 어차피 치즈 위에 토핑으로 견과류가 올라가니 넣지 않으셔도 돼요.
- 치즈를 올리지 않을 경우엔 파이를 완전히 식힌 다음에 드세요.

영양사의 Pick

- 단호박은 소화가 잘되며 탄수화물이 많고 강력한 항산화물질인 베타카로틴(β-carotene) 함량이 매우 높아요. 식이섬유도 풍부해 장내에 유용한 미생물의 성장을 돕기도 해요.

1. 찹쌀가루와 찐 단호박을 준비합니다. 단호박은 전자레인지를 이용해 익힌 뒤 뜨거울 때 껍질을 벗겨 으깹니다.
2. 버터를 녹인 다음 설탕과 소금을 넣어 잘 섞습니다.
3. 찐 단호박과 다진 견과류, 달걀을 넣어 잘 섞습니다.
4. 건식찹쌀가루와 베이킹파우더를 넣어 되직한 반죽을 만듭니다. 수분이 부족하다면 분량 외의 우유를 약간 넣어 농도를 맞춥니다.
5. 팬에 식물성오일을 두르고 키친타월로 닦은 뒤, 찹쌀파이 반죽을 얇게 펴 약불로 앞뒤를 노릇노릇하게 굽습니다.
6. 모차렐라치즈를 얹어 뚜껑을 덮은 후 열기가 오르면 불을 끄고 잔열로 치즈를 녹입니다. 마지막으로 토핑용 견과류를 올리면 완성입니다.

PART 6 · 건강한 간식 & 디저트

병아리콩 찹쌀 비스코티

찹쌀로 만든 비스코티는 쫀득하면서도 바삭한 식감이 매력적이에요. 병아리콩과 고구마를 넣은 비스코티는 씹을수록 고소하면서도 달지 않은 좋은 영양 간식이랍니다.

재료 3인분

삶은 병아리콩 50g, 고구마 1개(150g), 검은깨 1큰술, 달걀 1개, 소금 0.5작은술, 설탕 35g, 건식찹쌀가루 200g, 베이킹파우더 0.5작은술, 생크림 50g, 우유 80~90g

깨알 꿀

- 병아리콩 삶는 방법은 가이드를 참고하세요(p.16).
- 생크림 대신 크림치즈를 넣어도 좋아요. 고구마가 뜨거울 때 크림치즈 60g을 넣고, 우유로 반죽의 농도를 맞추세요.
- 오븐은 190℃로 예열해두세요.

영양사의 Pick

- 중동 지역의 대표 식품인 병아리콩은 맛은 물론 철분 및 마그네슘 등의 미네랄 함량이 높고 단백질이 풍부하여 다이어트 식품으로 각광받고 있어요.

1. 고구마는 껍질을 벗기고 작게 잘라 전자레인지에 넣어 익히고, 뜨거울 때 으깨 준비합니다.
2. 볼에 달걀과 소금, 설탕을 넣고 풀다가 삶은 병아리콩과 으깬 고구마, 검은깨를 넣고 섞습니다.
3. 찹쌀가루와 베이킹파우더, 우유와 생크림을 넣어 되직하게 반죽합니다.
4. 반죽을 두 덩어리로 나눠 평평하고 넓적한 모양이 되도록 성형하고, 190℃ 오븐에서 20분간 굽습니다.
5. 한 김 식힌 뒤, 도톰하고 길쭉하게 썰어줍니다.
6. 썰어낸 반죽을 팬에 올리고 180℃ 오븐에서 7~8분간 한 번 더 구우면 완성입니다.

PART 6 • 건강한 간식&디저트

오트밀 바나나팬케이크

밀가루 반죽으로 만든 팬케이크보다 식감은 거칠지만 씹을수록 고소한 오트밀 팬케이크예요. 칼로리가 높지 않아 다이어트에도 좋을 뿐 아니라 건강간식으로 좋고, 포만감도 있어 식사대용으로도 손색이 없답니다.

재료 7~8장

볶은 귀리 100g, 바나나 1개, 꿀 1.5큰술, 소금 0.5작은술, 달걀 1개, 베이킹파우더 1작은술, 통밀가루(우리밀) 4~5큰술, 식물성오일 1큰술

버터밀크
우유 95g, 레몬즙이나 식초 1작은술

깨알 꿀 TIP

- 귀리 볶는 방법은 가이드를 참고하세요(p.15).
- 부드러운 식감을 좋아한다면 귀리가루나 압착 오트밀을 이용해 만들어도 좋아요.
- 버터밀크는 우유에 레몬즙을 넣고 저어 몽글몽글해진 우유를 말해요.
- 그냥 먹어도 맛있지만 취향에 따라 견과류나 과일, 아가베시럽, 시나몬가루 등을 올려 즐겨보세요.

영양사의 Pick

- 귀리는 비타민B군, 비타민E, 칼슘 등이 매우 많은 식품으로 혈중 콜레스테롤을 낮춰 각종 성인병 및 암 예방에 효과적이에요. 귀리와 함께 칼륨, 카로틴, 비타민C 등의 다양한 영양소를 함유하고 있는 바나나를 먹으면 시너지 효과가 생겨요.

1. 바나나는 작게 썰고, 우유에 레몬즙이나 식초를 넣어 버터밀크를 만듭니다. 귀리는 가이드를 참고해 볶아 준비합니다.
2. 볶은 귀리와 바나나, 버터밀크, 꿀, 소금, 달걀을 믹서에 넣어 10~15분 정도 불린 뒤 갈아줍니다. 귀리가루를 사용한다면 바로 갈아도 됩니다.
3. 통밀가루와 베이킹파우더를 넣고 걸쭉한 팬케이크 반죽이 되도록 농도를 맞춥니다.
4. 팬에 식물성오일을 두르고 키친타월로 닦은 뒤, 약불로 팬케이크를 굽습니다. 겉면에 구멍이 생기면 뒤집어 노릇노릇하게 구우면 완성입니다.

PART 6 · 건강한 간식 & 디저트

달걀 부추빵

언젠가 유명한 빵집의 부추빵을 먹었는데요. 그 맛이 잊혀지지 않아 집에서 간단히 만들 수 있는 방법을 생각하다가 만들었어요. 모닝빵에 닭가슴살과 달걀을 넣어 더 건강한 달걀 부추빵은 영양적으로도 훌륭해 밥을 대신해도 좋은 간식이에요.

재료 2인분

모닝빵 5개, 부추 100g, 식물성오일 약간, 닭가슴살 통조림 1캔, 마요네즈 3큰술, 삶은 달걀 2개

깨알 꿀 TIP
- 살짝 간간한 맛을 원한다면 소금을 약간 넣으세요.

영양사의 Pick
- 계란 노른자에 풍부한 콜린(choline)은 레시틴(lecithin)의 주성분으로 혈압을 낮춰 동맥경화를 예방하고, 뇌신경 세포를 활성화하는 역할을 하기 때문에 성인병 예방 및 성장기 어린이에게 꼭 필요해요.

1. 깨끗이 씻은 부추를 잘게 썰어 준비합니다.
2. 팬에 식물성오일을 약간 넣고 부추의 숨이 죽을 때까지 잠시 볶습니다.
3. 모닝빵은 엄지를 이용해 가운데를 눌러 속재료가 들어갈 자리를 만듭니다.
4. 볼에 삶은 달걀을 으깨서 넣고, 볶은 부추와 기름을 뺀 닭가슴살 통조림, 마요네즈를 넣고 섞습니다.
5. 모닝빵에 속재료를 가득 넣으면 완성입니다.

인삼 크림치즈머핀

쌉쌀한 인삼을 부드럽게 먹을 수 있는 방법을 알려드릴까요? 그 비법은 바로 크림치즈랍니다. 크림치즈와 인삼을 머핀에 넣었더니 뜻밖의 맛이 탄생했어요. 인삼 크림치즈머핀은 어른들께 선물하기도 좋지만 아이들도 거부감 없이 아주 잘 먹어요.

재료 미니머핀 8개 분량

인삼 1뿌리, 꿀 1큰술, 버터 70g, 크림치즈 50g, 박력분 130g, 아몬드가루 20g, 베이킹파우더 5g, 달걀 2개, 설탕 80g, 소금 1꼬집

1. 인삼은 토핑용으로 18~20개 정도 채 썰어 꿀에 재우고, 나머지는 잘게 다집니다.
2. 볼에 말랑한 상태의 버터와 크림치즈를 넣고 섞어 크림화하고 설탕을 2~3번 나눠 넣어 설탕이 녹을 때까지 저어줍니다.
3. 달걀을 넣어 버터와 분리되지 않도록 재빠르게 저은 후 다진 인삼을 넣습니다.
4. 박력분과 아몬드가루, 베이킹파우더, 소금을 체 쳐서 덩어리가 없도록 합니다.
5. 반죽에 가루재료를 2~3번 나눠 넣고 주걱을 세워 '#'을 그리며 반죽을 자르듯이 섞습니다. 날가루가 없어지면 짤주머니에 넣습니다.
6. 짤주머니를 이용해 반죽을 머핀지에 80% 정도 채우고 꿀에 절인 토핑용 인삼을 올려 180℃ 오븐에서 20분간 구우면 완성입니다.

깨알 꿀 TIP

- 인삼의 쌉쌀한 맛이 부담스러운 분들은 잘게 다진 인삼에도 꿀을 넣어 재워주세요.
- 버터와 크림치즈는 미리 상온에 꺼내두어 말랑한 상태가 되도록 해주세요.
- 짤주머니가 없으면 위생비닐을 이용해도 되고, 숟가락으로 떠 넣어도 좋아요.
- 오븐은 180℃로 예열해두세요.

영양사의 Pick

- 인삼은 사포닌(Saponin)과 진세노사이드(Ginsenoside) 등의 성분을 함유하고 있어 면역력 강화, 암 예방, 당뇨병 개선 등의 효과가 있어요. 과다한 양의 인삼을 한 번에 섭취하기보다는 소량씩 꾸준히 섭취하는 것이 좋아요.

PART 6 • 건강한 간식&디저트

당근머핀(with 핫케이크가루)

핫케이크가루를 이용해 뚝딱 만들어내는 당근머핀은 재료도 간단하고 만들기도 쉬워서 베이킹을 처음 하시는 분들도 무리 없이 만드실 수 있어요. 아이들의 편식이 가장 심한 식재료가 당근인데 이렇게 주면 앞으로 편식 걱정은 없겠죠?

재료

핫케이크가루 250g, 버터 80g, 달걀 2개, 설탕 2큰술, 다진 견과류 4큰술, 당근 1/2개, 기호에 따라 시나몬가루 1~2작은술

깨알 꿀

- 요즘은 쌀가루로 만든 핫케이크가루도 판매하고 있으니 밀가루 베이킹이 꺼려진다면 쌀가루로 만들어 보세요.
- 버터는 미리 상온에 꺼내두어 말랑한 상태가 되도록 해주세요.
- 오븐은 180℃로 예열해두세요.

영양사의 Pick

- 당근은 체내에서 비타민A로 전환되는 베타카로틴(β-carotene)의 함량이 높아 시력보호 및 항산화 작용의 효능이 있는데, 특히 껍질에 풍부하기 때문에 가능하면 껍질째 먹는 것이 좋아요.

1. 견과류는 잘게 다지고, 당근은 갈은 뒤 물기를 짜서 준비합니다.
2. 볼에 말랑한 상태의 버터를 넣고 풀어 크림화하고 설탕을 넣은 뒤 설탕이 녹을 때까지 저어줍니다.
3. 달걀을 넣어 버터와 분리되지 않도록 재빠르게 저어줍니다.
4. 미리 준비한 다진 견과류와 당근을 넣고 섞습니다.
5. 핫케이크가루를 넣고 주걱을 세워 '#'을 그리며 반죽을 자르듯이 섞습니다. 기호에 따라 시나몬가루를 넣고 날가루가 보이지 않을 때까지 섞습니다.
6. 반죽을 머핀지에 80% 정도 채우고 180℃ 오븐에서 20~25분간 구우면 완성입니다.

콩가루 두부도넛 (with 핫케이크가루)

만들기도 쉽고 재료도 간단한 두부도넛은 아이들과 함께 만들기 좋은 간식이에요. 겉에 콩가루를 입혀 고소함도 남다르답니다. 저는 간편하게 핫케이크가루를 사용했는데 도넛가루를 사용해도 좋아요.

재료 3인분

두부 1모(290g), 핫케이크가루 290~300g, 검은깨 1큰술, 볶은 콩가루 3~4큰술, 식물성오일 2컵

1. 두부는 면포를 이용해 물기를 최대한 제거합니다.
2. 위생비닐에 핫케이크가루와 두부, 검은깨를 넣고 손으로 치대며 반죽합니다.
3. 5~6분간 반죽해 날가루가 없어지면 밀봉해 냉장실에 넣어 20분간 휴지시킵니다.
4. 휴지가 끝난 반죽은 손에 분량 외의 덧가루를 약간씩 묻히며 동그랗게 만듭니다.
5. 팬에 식물성오일을 넣고 열이 오르면 중약불로 줄인 뒤 반죽을 노릇노릇하게 튀깁니다. 잘 튀긴 도넛은 체에 올려 기름을 뺍니다.
6. 위생비닐에 볶은 콩가루와 기름을 제거한 도넛을 넣고 흔들어 콩가루를 골고루 묻히면 완성입니다.

깨알 꿀 TIP

- 위생비닐에 넣고 반죽하면 손에 달라붙지 않아서 좋아요. 익숙지 않은 분들은 볼에서 반죽하셔도 돼요.
- 달지 않은 도넛이니 취향에 따라 콩가루에 설탕을 약간 섞거나, 도넛을 연유에 굴린 뒤 콩가루를 입혀도 좋아요.

영양사의 Pick

- 밀가루는 리신(lysine), 메티오닌(methionine), 트레오닌(threonine), 트립토판(tryptophan) 등의 필수아미노산 함량이 매우 적은 반면 콩류에는 풍부하기 때문에 함께 섭취하면 상호보완적인 역할을 해요.

PART 6 • 건강한 간식 & 디저트

가지 크로크무슈

햄과 치즈를 넣어 만든 프랑스식 샌드위치인 크로크무슈에 가지를 올려 만들어보았어요. 고소하고 부드러운 베샤멜소스와 새콤달콤한 토마토소스를 함께 넣었기 때문에 전혀 느끼하지 않아요. 아이들이 잘 먹는 것은 물론 여유로운 브런치로도 손색없는 메뉴랍니다.

🍴 재료 2개 분량

식빵 4장, 가지 1개, 슬라이스 치즈 2장, 슬라이스 햄 2장, 토마토소스 3큰술, 모차렐라치즈 50g

베샤멜소스

버터 30g, 밀가루 30g, 우유 250g

깨알 꿀 TIP

- 오븐은 180℃로 예열해두세요.
- 베샤멜소스를 만들기가 어렵다면 마요네즈로 대신해도 좋아요.
- 가지를 팬에 살짝 구운 뒤 사용하면 쫄깃한 식감의 가지 크로크무슈를 즐길 수 있어요.

영양사의

- 가지는 칼로리가 낮고 수분이 많아 다이어트 식품으로 좋은데요. 부드러운 식감과 담백한 맛이 특징으로 섬유질이 부족할 수 있는 크로크무슈에 넣으면 영양균형이 맞는 건강한 간식이 돼요.

1. 가지를 얇고 길게 잘라 준비합니다.
2. 베샤멜소스를 만듭니다. 팬에 버터를 넣어 녹이고, 다 녹으면 밀가루를 넣어 타지 않도록 중약불로 볶습니다.
3. 우유를 조금씩 넣으며 덩어리지지 않도록 끓이다가 걸쭉한 상태가 되면 식혀둡니다.
4. 식빵 위에 베샤멜소스를 바르고 슬라이스 치즈, 슬라이스 햄, 가지를 올린 뒤 토마토소스를 바릅니다.
5. 그 위에 다시 식빵을 올리고 베샤멜소스를 바른 뒤 모차렐라치즈를 듬뿍 올려 180℃ 오븐에서 15분간 구우면 완성입니다.

PART 6 · 건강한 간식&디저트

비트크림치즈 오픈샌드위치

오픈샌드위치는 빵 위에 좋아하는 재료를 올려 먹는 샌드위치로 아무거나 올렸을 뿐인데도 모양이 너무 예뻐 손님이 오시면 대접하기에 참 좋아요. 여기에 비트와 크림치즈를 이용해 스프레드를 만들었는데요. 비트의 단맛과 고소한 크림치즈의 어울림이 무척 좋아 먹을 때마다 설렌답니다.

🍴 재료 2인분

넓적한 빵 4~5쪽, 비트 50g, 크림치즈 50g, 사과 1/2개, 바나나 1개, 토핑용 견과류와 건과일 적당량

깨알 꿀 TIP

- 견과류는 아몬드와 캐슈넛, 건과일은 건크랜베리와 건블루베리를 사용했는데요. 이외에도 다양하게 올려도 돼요.
- 면역력이 약하신 분들은 생 비트를 먹으면 복통을 일으킬 수 있으니 가급적 익혀서 드세요.

영양사의 Pick

- 비트는 철분 함량이 높아 빈혈예방에 도움이 되며 붉은 빛의 라이코펜(Lycopene)이라는 생리활성 물질이 풍부해 면역력 향상, 항산화 작용 등의 효능을 가지고 있어요.

1. 사과와 바나나는 얇게 슬라이스하고, 토핑용 견과류와 건과일을 준비합니다.
2. 비트는 작게 잘라 전자레인지에 1~2분 정도 돌려 살짝 익힌 뒤 식힙니다.
3. 볼에 식은 비트와 크림치즈를 함께 넣고 핸드 블렌더를 이용해 갈아줍니다.
4. 넓적한 빵 위에 비트와 크림치즈를 도톰히 바르고, 사과와 바나나, 견과류와 건과일을 올리면 완성입니다.

PART 6 • 건강한 간식&디저트

시금치 플랫브레드

브런치 카페에서 유명한 메뉴인 시금치 플랫브레드를 또띠아를 활용해 집에서도 만들 수 있어요. 시금치를 생으로 먹는다는 것에 거부감이 있으셨던 분들이나 맛에 대한 기대감이 덜하셨던 분들도 한번 맛을 보면 깜짝 놀라실 거예요.

재료 2인분

또띠아 2장, 시금치 80g, 베이컨 2~3줄, 양파 1/4개, 방울토마토 6~7개, 올리브오일 2큰술, 레몬즙 1작은술, 바질가루 1작은술, 레몬껍질 1/2개, 파마산치즈가루 듬뿍

레몬크림치즈소스
크림치즈 1큰술, 플레인 요거트 4큰술, 레몬즙 1작은술

깨알 꿀 TIP

- 양파는 미리 찬물에 담갔다가 잘라 사용하면 매운 맛이 덜해요.
- 레몬껍질이 들어가야 한층 더 맛이 살아나니 꼭 넣어주세요.

영양사의 Pick

- 시금치에는 다양한 비타민이 들어있으며 특히 성장기 어린이나 임산부에게 좋은 알칼리성 식품이에요. 또한 섬유질이 풍부하고 철, 엽산과 같은 성분이 많아 빈혈을 예방할 수 있어요.

1. 시금치는 깨끗하게 씻어 다듬어두고 다른 볼에 잘게 썬 양파와 반으로 자른 방울토마토, 올리브오일, 레몬즙, 바질가루를 넣고 버무립니다.
2. 베이컨은 끓는 물에 살짝 데치고 잘게 자른 뒤 팬에 올려 노릇노릇하게 굽습니다.
3. 볼에 분량의 레몬크림치즈소스 재료를 모두 넣어 섞고, 레몬껍질은 깨끗하게 씻어 채 썰어둡니다.
4. 또띠아를 마른 팬에 올리고 앞뒤로 바삭하게 굽습니다.
5. 구운 또띠아에 레몬크림치즈소스를 바르고 양파와 토마토 버무린 것을 올립니다.
6. 시금치와 베이컨, 채 썬 레몬껍질을 올린 뒤 남은 소스를 위에 듬성듬성 뿌리고 마지막으로 파마산치즈가루를 듬뿍 뿌리면 완성입니다.

PART 6 • 건강한 간식&디저트

구운 바나나 프렌치토스트

그냥 먹어도 맛있는 바나나를 구우면 달콤한 맛이 배가 된다는 것을 알고 계셨나요? 그 위에 시나몬가루까지 더하면 그 맛은 이루 말할 수가 없어요. 따뜻한 프렌치토스트와 시나몬 향이 가득한 구운 바나나, 여기에 생크림까지 더하면 달달한 브런치가 생각날 때 딱 좋은 메뉴랍니다.

재료 1인분

슬라이스한 바게트 3개, 달걀 1개, 우유 4큰술, 연유나 꿀 1큰술, 바나나 1개, 버터 3작은술, 시나몬가루 약간

깨알 꿀 TIP

- 바게트가 없다면 식빵으로 만들어도 좋아요.
- 접시에 플레이팅 할 때, 휘핑한 생크림과 견과류, 베리류를 올리고 슈가파우더까지 뿌리면 근사한 브런치가 돼요.

영양사의 Pick

- 당질의 함량이 높은 바나나는 아침 식사로도 좋은 열량 공급원이에요. 칼륨, 카로틴(carotene), 비타민C, 식이섬유 등 다양한 영양소를 함유하고 있으며 혈압 조절 및 장 환경을 개선해줘요.

1. 볼에 달걀과 우유, 연유를 섞은 뒤 바게트를 푹 적십니다.
2. 팬에 바게트를 올려 굽습니다. 이때 바게트의 앞뒤로 버터를 1작은술씩 나눠 넣으며 빵을 굽습니다.
3. 팬에 남은 버터 1작은술을 올려 녹인 후 바나나를 세로로 길게 잘라 앞뒤로 구워 바게트 위에 올리고 시나몬가루를 뿌리면 완성입니다.

참치 와사비 샌드위치

아삭아삭한 채소와 참치를 곁들인 샌드위치예요. 와사비를 조금 넣으면 질리지 않고 개운한 맛이 난답니다. 레시피대로 만들면 맵지 않으니 걱정하지 마세요. 매운 음식을 유독 못 먹는 저희 딸아이도 무척 잘 먹는답니다.

재료 3인분

식빵 6장, 양배추 3장, 오이 1/2개, 당근 1/2개, 양파 1개, 크래미 140g, 참치 1캔, 머스터드소스 약간, 소금 1/2작은술, 설탕 1작은술, 식초 1큰술, 마요네즈 6큰술, 꿀 1큰술, 와사비 1큰술

1. 양배추와 오이, 당근, 양파를 모두 채 썰어둡니다.
2. 오이는 소금과 설탕, 식초를 넣어 버무리고 게살은 찢어둡니다. 양파는 찬물에 담가 매운맛을 빼줍니다.
3. 양파와 오이는 물기를 꼭 짜고 참치는 기름기를 뺀 뒤 볼에 넣습니다. 이어 채 썬 당근과 양배추, 크래미를 넣고 마요네즈와 꿀, 와사비를 넣은 뒤 버무려 샌드위치 속을 만듭니다.
4. 식빵을 앞뒤로 노릇노릇하게 굽습니다.
5. 빵 한 쪽에는 샌드위치 속을 가득 올리고 다른 한 쪽에는 머스터드소스를 바릅니다.
6. 두 쪽의 식빵을 겹친 뒤 랩을 이용해 꽁꽁 감싸고, 모양이 유지될 수 있도록 10분 정도 둔 뒤 반으로 자르면 완성입니다.

깨알 꿀 TIP

- 매운맛을 원한다면 와사비를 조금 더 넣어주세요.
- 샌드위치 속을 올릴 때 중간 부분이 볼록해지도록 가득 올리면 나중에 모양이 더욱 예뻐요. 랩으로 싸면 부피가 작아지므로 가득 올려주세요.

영양사의 Pick

- 참치는 비타민B_6와 셀레늄의 함량이 높고 EPA, DHA가 풍부하여 혈중 중성지방 및 콜레스테롤 수치와 혈압을 낮추는데 효과적이에요.

닭가슴살 아보카도 샌드위치

버터 같이 부드러운 식감으로 많은 사람들에게 사랑을 받고 있는 아보카도로 샌드위치를 만들었어요. 살짝 느끼함은 양파초절임으로, 든든함은 닭가슴살로, 상큼함은 토마토로 잡았답니다. 이 샌드위치는 제가 정말 좋아하는 메뉴예요.

🍴 재료 2인분

슬라이스한 천연 효모빵 4쪽, 아보카도 1/2개, 토마토 1개, 시판 훈제 닭가슴살 1팩, 홀그레인 머스터드 약간, 양파 1/2개, 식초 1큰술, 설탕 0.5큰술, 소금 1꼬집

1. 양파는 동그란 모양으로 슬라이스한 뒤 찬물에 담가 매운맛을 빼고 식초, 설탕, 소금을 넣어 절여둡니다.
2. 시판 훈제 닭가슴살은 전자레인지를 이용해 데우거나 찜기를 이용해 살짝 찐 뒤 슬라이스해서 준비합니다.
3. 토마토와 아보카도 슬라이스합니다.
4. 샌드위치용 빵 위에 홀그레인 머스터드를 골고루 바릅니다.
5. 그 위에 물기를 뺀 양파초절임과 훈제 닭가슴살, 토마토, 아보카도를 순서대로 올리고 다시 빵으로 덮으면 완성입니다.

깨알 꿀

- 천연 효모빵이 아니라 일반 샌드위치용 식빵을 사용해도 돼요.
- 아보카도를 손질하는 방법은 가이드를 참고하세요(p.18).

영양사의 Pick

- 아보카도는 다른 과일에 비해 열량이 높고, 총 지방함량도 높지만 단백질, 엽산, 비타민A, 비타민K가 풍부하며 항산화 작용 및 깨끗하고 촉촉한 피부를 만드는데 도움이 돼요.

PART 6 · 건강한 간식&디저트

로즈애플파이 (with 만두피)

베이킹이 어렵게만 느껴지는 분들에게 추천해드리는 레시피예요. 만들기 어려운 파이지 대신 만두피를 이용해 쉽고 간단하게 로즈애플파이를 만들 수 있답니다. 크림치즈필링과 사과조림이 정말 잘 어울리는 디저트예요.

재료 4인분

사과 3개, 버터 2큰술, 설탕 1큰술, 시나몬가루 1작은술(생략가능), 만두피 10~11장, 토핑용 크랜베리와 해바라기씨 약간

크림치즈필링
크림치즈 60g, 달걀노른자 1개, 레몬즙 1작은술

깨알 꿀 TIP

- 만두피의 특성상 오래두면 금방 딱딱해지기 때문에 구운 뒤 가급적 빨리 드세요.
- 만두피 대신 식빵을 밀대로 얇게 밀어 사용하면 오래두어도 딱딱해지지 않아요.
- 사과를 최대한 얇게 썰어야 장미모양이 예쁘게 나와요.
- 머핀지가 없다면 머핀 틀에 넣고 굽는 방법도 있어요.
- 오븐은 170℃로 예열해두세요.

영양사의 Pick

- 사과는 피로물질을 제거해주는 유기산(organic aci)과 피부미용에 좋은 비타민C가 다량 함유되어 있어요. 또한 사과에 함유된 케세틴(quercetin)은 폐 기능을 강화시켜 오염물질로부터 폐를 보호하는 역할을 해요.

1. 사과는 깨끗하게 씻어 반으로 자른 뒤, 씨와 심지부분을 제거하고 최대한 얇게 슬라이스합니다.
2. 팬에 버터를 1큰술 넣고 사과와 설탕을 넣은 뒤 약불로 졸입니다. 수분이 없어지고 사과가 부드러워지면 불을 끄고 시나몬가루를 넣고 섞습니다.
3. 크림치즈필링을 만듭니다. 볼에 분량의 재료를 모두 넣고 섞어 완성합니다.
4. 남은 버터 1큰술을 전자레인지에 넣고 녹인 뒤, 만두피의 앞뒤에 골고루 듬뿍 바릅니다.
5. 만두피를 머핀지에 넣고 크림치즈필링을 듬뿍 올립니다.
6. 필링 위에 졸인 사과로 장미모양을 만듭니다. 사과를 겹치면서 겉잎은 바깥쪽으로 눕히고, 중심으로 갈수록 동그랗게 말아 모양을 잡습니다.
7. 장미모양 가운데에 크랜베리를 올리고 170℃ 오븐에서 15분 정도 구운 뒤 해바라기씨를 뿌리면 완성입니다.

PART 6 • 건강한 간식&디저트

검은깨쿠키

씹을 때마다 검은깨가 고소하게 씹히는 쿠키입니다. 고소한 맛이 일품인 건강쿠키라 선물용으로도 좋고, 만드는 방법이 어렵지 않아 아이들과 함께 만들어도 좋아요. 쿠키 반죽은 많이 만들어 냉동실에 넣어두었다가 먹고 싶을 때마다 꺼내서 구우면 간편하답니다.

🍴 **재료** 14~15개 분량

버터 80g, 설탕 55g, 달걀 1개, 박력분 150g, 소금 0.3작은술, 검은깨 40g

깨알 꿀 TIP

- 버터는 미리 상온에 꺼내두어 말랑한 상태가 되도록 해주세요.
- 오븐은 180℃로 예열해두세요.
- 반죽을 자르기 전에 쿠키 반죽 겉면에 물을 묻힌 후 설탕을 골고루 입혀 구우면 더욱 먹음직스러워요.

영양사의 Pick

- 필수지방산이 풍부한 검은깨는 신체기능을 개선해 기력을 북돋아주고, 생리활성 물질인 안토시아닌(anthocyanin)이 다량 함유되어 있어서 강력한 항산화 작용과 시력 개선에 도움이 돼요.

1. 볼에 말랑한 상태의 버터를 넣고 섞어 크림화하고 설탕을 2~3번 나눠 넣어 설탕이 녹을 때까지 저어줍니다.
2. 달걀을 넣고 버터와 분리되지 않도록 재빠르게 섞습니다.
3. 박력분에 소금을 넣고 체 쳐서 준비합니다.
4. 체 친 가루재료와 검은깨를 반죽에 2~3번 정도 나눠 넣고 주걱을 세워 '#'을 그리며 반죽을 자르듯이 섞습니다. 날가루가 보이지 않을 때까지 반죽합니다.
5. 종이호일 위에 쿠키 반죽을 올리고 동그랗게 모양을 잡아 냉동실에 30분 정도 넣어 굳힙니다.
6. 적당히 굳은 쿠키 반죽을 일정한 크기로 자른 뒤, 180℃ 오븐에서 15~20분 정도 구우면 완성입니다.

255

녹차 스노우볼 쿠키

녹차가루를 가득 묻혀 만든 스노우볼 쿠키예요. 만들기도 정말 쉽고 No 에그 쿠키라 달걀 알레르기가 있는 아이들에게 만들어줘도 좋은 쿠키랍니다. 입에 넣자마자 입 안 가득 퍼지는 스노우볼 쿠키의 진한 녹차향도 좋지만 녹차가루 대신 콩가루나 코코아가루를 넣어 만들어도 좋아요.

재료 22~24개 분량

버터 100g, 박력분 100g, 녹차가루 1큰술, 슈가파우더 40g, 소금 0.3 작은술, 아몬드슬라이스 2큰술, 토핑용 녹차가루 1큰술, 토핑용 슈가파우더 1큰술

깨알 꿀 TIP

- 아몬드슬라이스는 피스타치오나 다른 견과류로 대체 가능해요.
- 버터는 미리 상온에 꺼내두어 말랑한 상태가 되도록 해주세요.
- 오븐은 170℃로 예열해두세요.

영양사의 Pick

- 녹차의 카테킨(Catechin)은 몸속의 유해한 활성 산소를 제거하는 항산화 효과가 다른 비타민에 비해 매우 높아요. 또한 녹차는 기관지의 점액 분비를 촉진해 황사, 미세먼지에 함유된 유해물질을 걸러내는 역할을 한답니다.

1. 볼에 말랑한 상태의 버터를 넣고 섞어 크림화합니다.
2. 박력분과 녹차가루, 슈가파우더, 소금을 체 쳐서 준비합니다.
3. 크림화한 버터에 체 친 가루재료를 넣어 고슬고슬하게 섞습니다. 이때 아몬드슬라이스를 잘게 부숴 같이 넣습니다.
4. 고슬고슬한 반죽을 손으로 꾹꾹 눌러 동그란 크기의 작은 볼을 만듭니다.
5. 170℃ 오븐에서 12~15분간 구워 한 김 식힌 후, 토핑용 녹차가루나 슈가파우더를 입히면 완성입니다.

귀리 시리얼바

볶은 귀리로 만든 영양 간식 귀리 시리얼바는 바쁜 아침에 간단한 식사대용으로도 좋고, 든든한 간식으로도 최고랍니다. 고소하고 바삭바삭한 귀리와 견과류로 영양 간식을 만들어보세요.

재료 16~20개 분량

볶은 귀리 250g, 호두+아몬드 150g, 크랜베리+해바라기씨 50g, 조청 5.5큰술, 설탕 4큰술, 올리브유 2큰술, 물 2큰술

깨알 꿀 TIP

- 귀리 볶는 방법은 가이드를 참고하세요(p.15).
- 견과류는 한 번 마른 팬에 볶아 전처리를 하면 더욱 고소해져요.
- 그릇에 내용물을 넣은 뒤, 위에 무거운 책을 올려 꾹 누르는 것도 좋아요.

영양사의 Pick

- 귀리와 견과류는 식물성 단백질을 함유하고 있고 견과류에는 혈관 건강에 이로운 불포화지방산이 풍부해 동맥경화 예방에 도움이 돼요. 영양밸런스를 고려한다면 굉장히 좋은 간식이에요.

1. 볶은 귀리와 견과류, 크랜베리를 분량대로 준비합니다.
2. 팬에 조청과 설탕, 올리브유, 물을 넣고 중약불로 끓입니다. 이때 절대 젓지 말고 설탕이 다 녹을 때까지 기다립니다.
3. 설탕이 다 녹으면 귀리와 견과류, 크랜베리를 넣고 불을 끈 뒤 재빨리 섞습니다.
4. 넓은 그릇에 종이호일을 깔고 분량 외의 기름을 한 번 바른 뒤, 내용물을 넣어 꾹꾹 누르며 평평하게 폅니다. 10~15분 정도 후 칼로 잘라 냉동보관하면 완성입니다.

단호박 꿀구이

그냥 먹어도 맛있는 단호박이지만 조금만 정성을 넣어 만들면 디저트 느낌이 물씬 나게 변신시킬 수 있어요. 단호박에 꿀을 발라 달콤함을 더하고 견과류로 고소함도 담았답니다. 만들기는 간단하지만 맛은 절대 간단하지 않은 간식이에요.

🍴 재료 2인분

미니 단호박 1개, 꿀 1~2큰술, 버터 1큰술, 다진 견과류 2큰술, 시나몬가루 1작은술

1. 미니 단호박은 껍질까지 깨끗하게 씻고, 전자레인지에 2분 30초~3분가량 통으로 돌려 반 정도 익힙니다.
2. 살짝 익은 단호박은 반으로 잘라 꼭지부분을 잘라내고, 도톰하게 슬라이스 합니다.
3. 전자레인지에 돌려 녹인 버터를 단호박에 골고루 바릅니다.
4. 팬에 버터를 바른 단호박을 올려 중약불로 노릇노릇하게 굽습니다.
5. 구운 단호박에 꿀을 바르고 다진 견과류와 시나몬가루를 뿌리면 완성입니다.

깨알 꿀 TIP

- 큰 단호박을 사용할 때는 전자레인지에 4~5분 정도 돌려주세요.
- 위생비닐에 단호박을 넣고 녹인 버터를 넣어 흔들면 더 쉽게 버터를 바를 수 있어요.

영양사의 Pick

- 호박은 각종 비타민 및 칼륨, 마그네슘 등의 무기질이 풍부하며, 이뇨작용이 뛰어나 부종을 개선시키고 배설을 촉진하는 효능을 가지고 있어요.

아스파라거스튀김

아스파라거스를 싫어하는 분들도 맛있게 드실 수 있는 요리를 소개합니다. 아스파라거스에 고소한 파마산 치즈를 가득 묻혀 굽기만 하면 완성인데요. 바삭바삭한 아스파라거스에 디핑소스를 찍어 드시면 입 안이 즐거워질 거예요.

재료 2인분

아스파라거스 12개(200g), 밀가루 2큰술, 달걀 1개, 빵가루 40g, 파마산치즈가루 2큰술, 식물성오일 약간

디핑소스
다진 양파 1큰술, 마요네즈 2큰술, 플레인요거트 2큰술, 꿀 1큰술, 레몬즙 약간, 파슬리가루 약간

깨알 꿀 TIP
- 아스파라거스를 손질하는 방법은 가이드를 참고하세요(p.17).
- 오븐은 180℃로 예열해두세요.
- 오븐 대신 팬에 기름을 넣고 튀겨도 좋아요. 취향에 따라 선택하세요.

영양사의 Pick
- 아스파라거스는 엽산의 함량이 매우 높아 임산부나 수유부(혹은 임신을 계획 중인 분)에게 좋아요. 또한 비타민K와 비타민B_6, 아스파라긴산(asparaginic acid)이 들어 있어 숙취해소에 도움이 돼요.

1. 손질한 아스파라거스의 물기를 제거하고 밀가루를 골고루 입힙니다.
2. 달걀을 풀어 달걀물을 입힙니다.
3. 빵가루와 파마산치즈가루를 잘 섞은 뒤 달걀물을 입힌 아스파라거스에 입힙니다.
4. 식물성오일을 스프레이통에 넣고 아스파라거스에 골고루 뿌린 뒤, 180℃ 오븐에서 20분간 노릇노릇하게 굽습니다.
5. 분량의 디핑소스 재료를 모두 섞어 고소한 아스파라거스 튀김에 곁들이면 완성입니다.

허니버터 떡볶이

예전 허니버터 시리즈가 인기를 끌고 있을 때 허니버터로 떡볶이를 만들어도 맛있을 것 같아 연구한 레시피예요. 버터와 마늘, 꿀의 조합이 워낙 좋다보니 쫄깃한 떡 위에 입혀도 정말 맛있더라고요. 딸의 친구들에게는 이미 최고의 메뉴랍니다.

재료  3인분

떡볶이 떡 400g, 식물성오일 2큰술, 간장 2큰술, 다진 견과류 2큰술, 파슬리가루 약간

허니버터소스
버터 2큰술, 다진 마늘 2.5큰술, 꿀 2큰술

깨알 꿀
- 쌀떡으로 만들면 떡이 식으면서 금방 딱딱해져요. 쫀득한 식감을 원한다면 밀떡을 추천할게요.

영양사의 Pick
- 허니버터 떡볶이는 자칫 탄수화물 위주의 간식이 될 뻔 했지만 호두나 아몬드와 같이 두뇌발달에 도움을 주는 견과류를 첨가하여 맛과 영양 모두를 잡을 수 있는 건강한 간식이 되었어요.

1. 떡볶이 떡을 끓는 물에 살짝 데쳐 말랑말랑하게 만듭니다.
2. 떡의 물기를 뺀 뒤, 식물성오일을 넣고 섞어 기름 코팅을 합니다.
3. 팬에 떡을 넣고 중약불에서 굴려가며 떡이 노릇노릇해지도록 지집니다.
4. 떡이 노릇노릇해지면 팬의 가장자리로 밀어두고, 빈 공간에 간장을 넣어 끓인 다음 재빨리 떡과 섞어 간장양념을 입히고 볼에 덜어둡니다.
5. 팬에 버터를 녹이고 다진 마늘을 넣어 약불로 끓이다가 꿀을 넣습니다.
6. 간장양념을 입힌 떡을 허니버터소스에 넣고 잘 섞다가 다진 견과류와 파슬리를 넣으면 완성입니다.

PART 6 • 건강한 간식&디저트

허니버터 병아리콩 스낵

포근포근 밤 맛이 나는 병아리콩은 어떻게 만들어도 참 맛있어요. 영양도 좋고 맛도 좋은 병아리콩을 조금 더 맛있고 누구나 즐길 수 있도록 간단한 간식으로 만들었어요. 딸이 버터구이 옥수수라고 착각할 만큼 맛있는 마력의 간식, 허니버터 병아리콩 스낵을 소개할게요.

재료 4인분

삶은 병아리콩 2컵, 버터 20g, 꿀 3큰술, 설탕 1/2큰술, 소금 약간

깨알 꿀 TIP
- 병아리콩을 손질하는 방법은 가이드를 참고하세요(p.16).

영양사의 Pick
- 병아리콩에는 단백질과 철분, 칼슘 등의 무기질 또한 풍부하게 들어있어 남녀노소 관계없이 간식으로 즐기기에 매우 좋아요.

1. 팬에 삶은 병아리콩을 넣고 약불에서 노릇노릇해질 때까지 볶다가 버터를 넣습니다.
2. 버터가 녹아 병아리콩에 골고루 묻으면 꿀과 설탕, 소금을 넣고 졸이면 완성입니다.

연두부 망고푸딩

홍콩에는 망고푸딩과 두부푸딩이 유명하다고 하더라고요. 직접 갈 순 없으니 맛을 상상하며 한 번 만들어봤는데요. 완성하고 나니 머릿속으로 상상했던 것보다 훨씬 맛있어서 정말 행복했던 연두부 망고푸딩이에요. 연두부와 냉동망고 그리고 연유, 이 세 가지만 있으면 건강하면서도 맛있는 디저트를 쉽게 만들 수 있어요.

재료 4인분

연두부 350g, 냉동망고 8~9개, 연유 3큰술

1. 연두부와 냉동망고를 준비합니다.
2. 연두부와 냉동망고, 연유를 믹서나 핸드 블렌더를 이용해 곱게 갑니다.
3. 잘 갈린 연두부 망고푸딩을 냉장고에 넣어 차갑게 만들면 완성입니다.

깨알 꿀 TIP

- 완성된 푸딩에 잘게 썬 망고과육과 연유를 약간 올려 드세요.
- 냉동망고 대신 다른 과일을 활용해도 좋아요.

영양사의 Pick

- 망고에는 폴리페놀(polyphenol)이나 플라보노이드(flavonoid)와 같은 항산화 물질이 풍부해요. 항암효과는 물론 산화를 방지하고 노화를 늦추며 면역력 향상에도 도움을 줘요.

PART 6 • 건강한 간식&디저트

아보카도 과카몰리

아보카도를 가장 쉽고 맛있게 즐길 수 있는 방법이에요. 과카몰리는 멕시코 전통 요리로 멕시코에서는 우리나라의 된장·고추장과 같은 중요한 소스라고 하는데요. 나초나 담백한 크래커 위에 올려먹어도 맛있고, 샌드위치와 함께 먹을 스프레드로 즐겨도 좋아요.

재료 2~3인분

아보카도 1개, 양파 1/2개, 방울토마토 6~7개, 레몬즙(라임즙) 1큰술, 올리브오일 2큰술, 소금 2꼬집

깨알 꿀

- 아보카도를 손질하는 방법은 가이드를 참고하세요(p.18).
- 양파는 찬물에 20~30분 정도 담가두면 매운 맛을 없앨 수 있어요.
- 아보카도는 쉽게 갈변하기 때문에 가급적이면 빨리 드시는 것이 좋아요.

영양사의 Pick

- 혈압을 조절하는 데 도움을 주는 칼륨과 라이코펜(lycopene)이라는 생리활성물질이 풍부한 토마토는 항암효과 특히 전립선 암에 효능이 있어요. 아보카도와 토마토를 함께 섭취하면 시너지 효과가 생겨요.

1. 양파와 토마토는 다지고, 잘 익은 아보카도는 으깨서 준비합니다.
2. 으깬 아보카도에 다진 양파와 토마토, 레몬즙, 올리브오일, 소금을 넣어 섞으면 완성입니다.

녹차 스프레드

녹차 스프레드는 빵이나 크래커 위에 발라 먹어도 좋고, 따뜻한 우유에 한 스푼 넣어 라테처럼 즐겨도 무척 맛있어요. 우유의 부드러운 첫 맛과 녹차의 쌉싸래한 끝 맛이 전부 느껴지는 매력 만점 녹차 스프레드는 선물용으로 아주 좋답니다.

재료 450~500ml 1병

우유 1L, 생크림 500g, 설탕 150g, 녹차가루 30g

깨알 꿀 TIP

- 생크림을 넣으면 훨씬 부드러워지지만 생크림이 없다면 우유를 1.5L 넣어 만들어도 좋아요.
- 홍차를 좋아한다면 홍차가루를, 커피를 좋아한다면 커피가루를 넣어 만드세요.
- 녹차 스프레드는 일반적인 잼처럼 계속 저어주지 않아도 돼요. 다른 일을 하다가 중간에 한 번씩만 저어도 된답니다.
- 녹차 스프레드는 굳고 나면 생각보다 많이 걸쭉해지기 때문에 요거트 정도의 농도가 되면 바로 불을 꺼주세요.

영양사의 Pick

- 항산화 효과가 있다고 알려진 녹차는 카테킨(Catechin) 특유의 쌉싸름한 맛을 내는데요. 우유와 설탕을 첨가해 농축시킨 스프레드는 이런 녹차의 떫은 맛을 완화시켜줘요.

1. 우유와 생크림, 설탕과 녹차가루를 준비합니다.
2. 넉넉한 크기의 냄비에 모든 재료를 넣고 중불에서 졸입니다. 녹차가루는 거품기를 이용해 풀고, 요거트와 같은 농도가 될 때까지 중간 중간 저어줍니다.
3. 끓는 물에서 열탕소독한 병에 녹차 스프레드를 담으면 완성입니다.

PART 6 · 건강한 간식&디저트

땅콩잼

땅콩잼을 직접 만들어보면 앞으로 시판 땅콩잼은 절대로 못 드실 거예요. 고소함이 남다르기 때문이죠. 만드는 방법도 쉬우니까 먹고 싶을 때 조금씩 만들어서 드시는 것을 추천할게요. 절대 후회는 없으실 거예요.

재료 300ml 1병

볶은 땅콩 300g, 꿀 3큰술, 소금 1꼬집, 녹인 버터(식물성오일이나 올리브오일) 5~6큰술

1. 믹서에 껍질을 벗긴 땅콩을 넣고 꿀과 소금을 넣어 곱게 갈아줍니다.
2. 녹인 버터를 간 땅콩에 2번에 걸쳐, 넣고 갈고 넣고 갈고를 반복합니다.
3. 단맛을 원하면 꿀 또는 녹인 버터를 조금 더 넣어 원하는 농도를 맞추면 완성입니다.

깨알 꿀

- 녹인 버터로 만들면 건강에는 좋지만 냉장고에 넣었다가 먹을 때 전자레인지에 살짝 돌려야 하는 번거로움이 있어요. 번거로움이 싫다면 식물성오일이나 올리브오일을 사용해도 돼요.

영양사의 Pick

- 땅콩은 비타민E와 불포화지방산이 풍부해 콜레스테롤을 낮추고 동맥경화를 예방하는 효능이 있어요. 다만 땅콩은 고지방식품이기 때문에 과다 섭취는 피하는 것이 좋아요.